達人 髙口光子流！
本気の人づくり術

まえがき

　現在私は介護アドバイザーとしていろいろな施設にかかわっている。

　改めて思うのは，各施設によって何と介護の質の差が大きいのかということである。これが同じ介護保険サービスにおける介護サービスなのかと疑いたくなるくらいだ。

　その介護の質の差を評価するポイントは，食事，排泄，入浴ケアの実施状況に加え，退職に至った職員の経過と，現在働いている職員の表情だ。

　職員がケアを仕事として取り組んでいる意味，その喜びをまったく承知していないような施設は明らかに介護の質が低い。なぜこのような介護の質の差が発生するのか。

　基礎となる法律も運営基準も同じ，人員配置とて大きな差はない。悪い設計より良い設計の方が良いことに変わりはないものの，介護の質を決定する絶対の因子は形（建築）ではない。

　職員一人ひとりの介護を仕事とするための資質，能力に違いはあるものの，集団で評価すれば施設間での

大きな決定的な違いはない。

　当然，利用者・お年寄りは一人ひとり異なる人格を持たれるものの，極端に重度とか有意に軽度という施設別の偏りは起こり難く，重症度は介護の質には直接関係はない。

　介護の質の差が発生する決定的な因子で考えられるのは，看・介護現場のリーダーの在り方である。

　同じ介護保険施設でも，リーダーが入れ替わっただけで大きく介護状況が変化した体験は，多くの方がお持ちなのではないだろうか。

　本書では，この介護の質の決定に大きな力を持つ看・介護リーダーの在り方を現場実践の立場からまとめてみた。

　私が変わらなければ現場は変わらないと気づいていながら，どう変わればよいのかわからないあなた，ぜひ一緒に自分を整理してみるきっかけをつくりましょう。

　　　2004年11月

　　　　　　　　　　　　　　　　　髙口光子

CONTENTS

LECTURE 1 まずは「組織」を理解しよう。

1. 介護リーダーの皆さんへ …………………… 8
2. 困り事はどこも同じです …………………… 8
3. 配置図を理解しよう ………………………… 9
4. 組織図を作成し，公表しよう ……………… 11
5. 職員側から見た組織像も知っておこう …… 13
6. 配置図・組織図・現実の力関係 …………… 19

LECTURE 2 生活モデルを正しく理解しよう。

1. 介護系リーダー，看護系リーダー ………… 28
2. 看護系リーダーの苦悩 ……………………… 31
3. 「医療モデル」と「生活モデル」の違いを理解する ……………………………………… 33
4. 「自立」を正しく理解しよう ………………… 37
5. 生活の場の専門職とは？ …………………… 39
6. 医療モデルと生活モデルの違いをもう一度 ……………………………………… 43
7. 看護系リーダーの解けない呪縛 …………… 54
8. 医療モデルと生活モデルの融合と調和 …… 62

LECTURE 3 人づくりの基本1
職員の気づきを深めよう。

1. 誰でもできることを引き出す …………… 66
2. 痴呆性高齢者へのかかわりから
   コミュニケーションを学ぶ …………… 79
3. 職員の主体性と個性を引き出す …………… 83
4. 民族大移動型ケアと放牧型ケアの悲哀 …… 86
5. "作業"を"ケア"に変えていく
   システムをつくろう …………… 88
6. ケア指針策定の最終決定は現場が行う …… 91
7. ケアする人をケアする視点も …………… 94
8. 中間管理職への自己点検表
   (ききょうの郷リーダーシップ基本指針) …… 100

LECTURE 4 人づくりの基本2
新人の資質を引き出そう。

1. 初回面接時のテクニック …………… 104
2. 面接時に心身状況を確認する時の留意点 … 107
3. 施設内探検隊のススメ …………… 111
4. 言う，聞く，伝える，やり通す …………… 113
5. 先輩職員の反応から読み取る新人の資質 … 116
6. 身体拘束に関する意識づけ …………… 119
7. 事故とは何か，責任とは何かを徹底しよう … 122
8. 髙口光子推奨
   新人教育プログラムと指導要領 …………… 125

LECTURE 5 コミュニケーションと教育的なかかわり方

1. おばちゃん職員対処法 …………………… 134
2. 今どきの若者職員対処法 ………………… 139
3. 声のかけ方・話の聞き方 ………………… 141
4. 腕利きリーダーの落とし穴 ……………… 142
5. 日々の行為の意味づけや
   根拠を明らかにしよう …………………… 144
6. 組織における「2：6：2」の法則 ……… 146
7. インフォーマルグループとの対決法 …… 148
8. 「命令」の意味と「命令」の仕方 ……… 152
9. 約束は忘れない …………………………… 155
10. 時に無意識な感情を見せる ……………… 156

LECTURE 6 問題解決能力を高めよう。

1. 問題解決能力とは何かを伝えていく …… 160
2. 職員間のトラブルをいかにして解決するか … 162
3. 「個人」と「組織人」の線引き ………… 164
4. 「意見の違い」をいかにまとめるか …… 166
5. 思いと技術のアンバランスを調整しよう … 169
6. チームプレイとファインプレイの共存 … 170
7. 個々のケアスタイルの違いはチームの底力 … 171
8. 中間管理職としての，上司への接し方 … 172
9. 部下の問いかけに答える方法 …………… 174

LECTURE 7 あなたのチームをまとめあげるために

1. 業務改善の出発点は「足が床について前かがみ」……180
2. 直接処遇者のすごみ・生の肯定 ……184
3. 「生きていて良かった…」失くした主体性の再構築 ……188

番外編 ストレスに強くなる。

- 職員との間に発生するストレスへの対処 ……192
- リーダー自身が退職を考えた時 ……195
- とある老人病院にて──激闘！ 1対40 ……197
- 宿敵！ 看護部と共に ……201
- 最高権威者（!?）医者とのストレス ……205
- いろいろなご家族とのストレス ……207
- 挫折感を味わった時 ……211
- 圧倒的な力に無力感を感じた時 ……215
- 高齢者の皆さん，職員の皆さん，ありがとう！ これからもよろしく！ ……216

ちょっと寄り道
- 新人研修で組織を理解させる方法 …… 17
- 若いリーダーに伝えてほしい「上司不在」時の対応法 …… 22
- デイサービスのお便り帳 …… 78
- インプロ研修ってご存じですか ……115
- 定期的な個人面談の有効性 ……118
- 巧妙な身体拘束の実態を暴く ……120

LECTURE 1

まずは「組織」を理解しよう。

1 介護リーダーの皆さんへ

　私は現在，介護老人保健施設に勤めさせていただいております。その前は，特別養護老人ホーム，その前は病院に勤務しておりました。理学療法士です。この世界に入って20年以上が経ちました。最近では，介護アドバイザーという仕事も行っています。

　介護アドバイザーとは，理事長や施設長から依頼を受け，施設の改善に取り組む仕事です。その改善項目とは，増改築の問題，新規事業の問題，職員の人の入れ替わりの激しさ，介護の質向上に対する不足感の充足など，多岐にわたります。

　本書では，それらのアドバイザー経験も踏まえた上で，現場実践の要である介護リーダーへ向けて，私が平素考えることなどを記していきたいと思います。

2 困り事はどこも同じです

　介護アドバイザーとして施設に招かれますと，理事長室や施設長室に通されます。そこで理事長や施設長

を前に改善へのご要望を確認させていただきます。施設ごとに改善課題はさまざまなのですが,

「では当面,最も優先順位の高い問題点というと,どのようなことになりますか」

とお伺いしますと,ほとんどの方が次のようにおっしゃいます。

「実は組織の内部で,報告・連絡・相談がうまく機能しないのです。現場と現場同士,現場と管理側,または管理職同士の連携がうまくいかなくて,何かというと言ったとか言わないとか,聞いているとか聞いていないとか,そういうやりとりで時間や労力がとられてしまいます。何とかならないでしょうかね」

というわけで,アドバイザーとしては,その部分から手を付けることになります。

配置図を理解しよう

私が事務長に「それでは職員の配置図をお見せください」と言いますと,ほとんどの場合はすぐに出してくださいます。当然ですね。介護保険事業としてサービスが行われている以上,事業所開設の届け出の段階で配置図は作成されていますから。

問題なのは,この配置図の中身を中間管理職が知らないということです。つまり介護保険法において,自分が配置図上のどの立場に位置づけられているのかということを知らないわけです。言い換えると,自分のよって立つ法律的根拠を知らないということになります。

　中間管理職として自分の立場が法的に問われた時に,自分が施設サービス計画者であるのか,サービス提供責任者であるのか,管理者であるのか,あるいは介護の専任であるのか,看護の専任であるのか,そういうことを知らないというのは大きな問題です。

　加えて留意が必要な点は,介護保険法下の事業運営においては,それぞれの事業体で兼任制が敷かれる傾向があるということです。

　例えば,訪問介護事業所の職員がデイケアの介護要員として兼任されるというようなことは多くあります。訪問件数が少ない時に,訪問介護事業所の職員がデイケアの方に顔を出すというのは,とても効率的で理にかなった話です。特に今後,小規模多機能施設やユニットケアが増えてくれば,兼任制を取らなければ成り立たないだろうと思います。

　ならば中間管理職は,自分の部下がどのような兼任体制の中に位置づけられているかということを知っていなければなりません。そのことを直属の上司が知ら

ないということがあれば，部下は不安になります。あるいは，事務長と直属の上司との間で部下の所属に関する把握内容が異なる場合でも同様です。

例えば，監査の時に部下から「なぜ私の名前がここに出ているのですか？」「なぜ私の印鑑をここで使うのですか？」などと問われて「さあ？」と直属の上司が言っているようでは，部下から不信感を持たれてもしょうがないということです。

兼任体制を明確に知ることは，一人の人物に過大な責任がかかりすぎていないかどうかの確認にもなります。

このように，配置図を周知しておくことは，組織内部の役割や責任を明確にすることにつながり，職員が不安なく自らの責務を把握できることにつながります。

4 組織図を作成し，公表しよう

前述した配置図と，ここでいう組織図は異なります。配置図は介護保険法という法律に基づいて作成されています。しかし組織図というのは，いわば内部規定です。

「組織図を見せてください」というと，病院ならすぐに出てきます。やはり生きるか死ぬかという生命の

責任を厳しく問われる現場ですから,組織図なしには仕事ができないという風潮が,かねてからあるということだと思います。

　対照的なのが福祉の現場です。福祉施設で「組織図をお見せください」と言いますと,「あらあ,どこにあったかねえ」という反応です。で,机の引き出しを開けたり閉めたりして探し回った揚げ句,「あ,あんなところに……」と壁を見上げています。見ると,詰め所の壁の上の方に,それらしき紙が張ってある。でもそれは,緊急連絡網だったりするわけです。「あ,寮母長,これは違いますよ。これ緊急連絡網です」と言いますと「まあ,大体これに似たようなものですから」とおっしゃる。

　こんなふうに,福祉の現場では組織序列というものを日常全く意識していないということがよくあります。ある意味,病院における生命の責任の問われ方と,施設における生活の責任の問われ方はこれほど違うということです。

　ここでいう生活の責任の問われ方というのは,要するに,誰が寝たきりにさせたのか,誰がこの人の意欲をなくさせたのか,というようなことを,責任の所在まで突き詰めて議論されたことがあるかということです。そういう議論のない職場には,組織図は必要ないのでしょう。

しかし、中間管理職がまともな仕事をしようと思えば、組織図を意識せずにはできません。組織図がなくても困らない施設というのは、つまりは一部の親分肌や姉御肌的な職員によって「よっしゃ、よっしゃ」という感じで運営されてきたということです。

まずは皆さんの施設に組織図があるかどうか、組織図がなければ、なぜなくても問題にならなかったのかを確認してみてください。そして、組織図がないなら、これから作成する予定があるのかどうか、ぜひチェックしてみてください。

5 職員側から見た組織像も知っておこう

では、管理者側が組織図を意識していないのならば、職員はさらに意識していないかというと、実はそうでもないのです。

私は春先になると、施設に招かれて新人研修を行うことがありますが、そこに参加している新入職員とこんなやりとりをしたことがあります。

「あなた方の法人で一番偉い人は誰？」

「理事長です」

「ああ、理事長なんだね。じゃあ理事長はなんで偉

いの?」

「うーん……。施設にはちょっとしかいないのに,お給料いっぱいもらうから」

そうではないですよね。ある人物がいて,自分のできること,例えば,専門の技能などを用いて地域の人たちに役立ちたいと彼は考え,実践しました。その志や実践は,ある意味行政が実施すべきことでもあり,その継続性を保証するためにもその事業運営に対して法人格が与えられたというわけです。すべては,この人物,つまり理事長と呼ばれる人の思いや行動によって始まった。だから,理事長は偉いのです。

「じゃあ,理事長の次に偉い人は?」
「事務長かなあ」
「それはどうして?」
「お金くれるから」

別に事務長がポケットマネーからお金をくれるのではありません。この事業体におけるお金の出し入れは,すべて事務長のチェックを受けることでなされるのだということです。そういう意味で施設経営の要にある重要なポジションだということです。

では,事務長と同じくらい偉い人はほかに誰がいるかということを聞きますと,介護リーダーの名前が出てきます。師長や介護長,寮母長など,施設によって呼び名はさまざまだと思いますが,いわゆるケア実務

まずは「組織」を理解しよう。

の責任者です。そしてその下に主任がいると新人たちは言います。

ある施設の新人研修で同様の話をしていると，参加者が「本当は介護長の方が主任よりも偉いんだけれど，でも実際はA主任の方が介護長より偉いんだ」などと言いますから，「あら，どうして」と聞くと，「だって，A主任は事務長とできてるもん」とか平気で言います。「あらあ，よく知ってるのね」と答えながら，その口をどうやってふさいでやろうかなんて考えるのですが，「うん，あれは絶対にできてる。だって，何かある時に介護長に先に報告すると，主任がぷーっとふくれて事務長に告げ口して，それで私たちが事務長から怒られるもんね」とか「介護長がだめだと言っても，A主任に言うと買ってもらえるもんね」とか，もう訳のわからないことを言い出すのです。

このように職員たちは，自身が所属する組織体の中の力関係や指示命令系統について，漠然と体験的にイメージをつくっていきます。つまり，誰が一番力を持っているかということを体験的につかんでいくということです。ですから，組織図が十分に周知徹底されていないと，経験的で個人的な解釈による命令系統ができあがるというようなことが起こってしまいます。あるいは，すでに起こっていても，公表されている組織図がなければ，修正の根拠が示せなくなるのです。

最後に,「ほかに偉い人はいないの」と聞くと, 新人たちは顔を見合わせて, 誰だろうかとしばらくいろいろな人の名前を出して検討した後,
「あ, いたじゃん」
「あー, いたいた」
「忘れてたー」
「施設長じゃんねえ」
「そうそう施設長。紹介されるまで私あの人のこと利用者だと思ってたの」
などと言っていました。
　というわけで職員は, 報告・連絡・相談をしなければ仕事がうまく回らないということは体験的に知っています。そのことを知らないわけではないのです。ところが, 自分がそれを誰に対してどういう順番で行わなければならないかということが, 組織図の作成・公表がなされていなければわかりません。それがわからなければ, その職員は組織人としての最初の一歩が踏み出せないということになります。
　まずは, その一歩を踏み出した後に, この人はあてになる人なのかならない人なのか, というようなことを職員は判断していくのです。そして, 結果として職員は誰に報告するかと言えば, それは報告しがいのある人です。連絡して意義のある人です。相談する値打ちのある人です。そういう人にしか, 職員は報告も連

まずは「組織」を理解しよう。

絡も相談もしないものです。

　繰り返し申し上げますが，自分は誰に報告するべきなのかということが組織内で共通認識になっていない状況では，うわさが先行し，妙な"派閥"ができあがり，結果として職員は正しく報告・連絡・相談をすることはできないということです。

新人研修で組織を理解させる方法

　新人研修では，組織の体制を確認する意味で，三角形を書いて指導することがあります。その三角形を組織に見立てて，それぞれの構成員がどこに位置しているのかを確認していくわけです。まずは三角形の頂点に理事長を置きます。その三角形に２本の水平直線を引いて，３つに分けます。そして，それぞれの部分に役割を加えていきます。

　一番上の三角形の部分を指して「管理だけする人は誰になるかな」と問いかけますと，

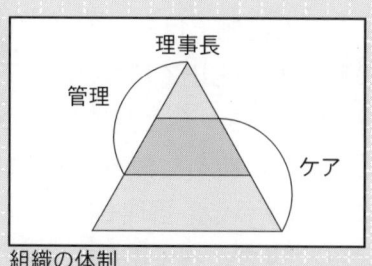

組織の体制

事務長とか庶務課長，人事総務課長など事務系の方の役職が出てきます。

　一番下の台形を指して「では，ケアを主軸として取り組んでいる人は誰になるかな」と聞きますと，看護師，ケアワーカー，PT（理学療法士），OT（作業療法士），栄養士，ソーシャルワーカーなど，直接・間接含めてさまざまな職種が挙げられます。

　その後に，真ん中の部分を指して「ここは管理もするし，ケアもする人。こういう人を中間管理職というのだけれど，誰が入る？」と聞いてみます。そうすると「師長」「介護長」「主任」という職種が出てきます。しかし，時折こういうことを言う元気な職員がいます。

　「でもおかしいよ。ここは管理とケアを両方する人が入るんでしょ。うちの寮母長はブルドーザーみたいに，いつも汗まみれで働いて，動きまくって，机で文字書いてるところなんてみたことないよ」完璧に肉体労働派ですね。

　「うちの師長は師長室に閉じこもったら，呼べど叫べど一歩も出てこないよ」天照大神(あまてらすおおみかみ)みたいですね。

　職員はちゃんと見ているわけです。私としては「うーん。あんたたち，そういうけど中間管理職はケアもするし，管理もするし，大変なのだよ」と言うのですが，さてあなたの部下は，あなたを中間管

まずは「組織」を理解しよう。

理職だと納得し理解しているでしょうか。一度点検してみてください。

6 配置図・組織図・現実の力関係

前述のとおり，配置図と組織図の意味づけは異なります。配置図は介護保険法という法律に基づいたもの，組織図は内規です。この組織図と配置図を職員に同時に公開すれば，それぞれの図が持つ意味が読み取りきれず戸惑ってしまうかもしれません。ですから一般の職員向けには，組織図の公表だけで十分だと思います。しかし，中間管理職である皆さんには，この配置図と組織図の両方を頭に入れておいていただきたいのです。

さて，配置図，組織図を完全に把握したとして，さらに実務面で組織を複雑にしている要因が，組織図と現実の力関係の相違です。ここでいう現実の力関係とは，男女の違いだとか，上席者が年下，部下が年上，職歴は長いがこの施設では新参者である，などといったことに影響される関係のことです。これらが現場では組織図どおりに割り切れず，微妙な力関係のずれを生じさせます。中間管理職は，そのことを頭に入れて，

微妙なずれを把握するため,職員の間を駆け回っておられると思います。中間管理職が自分の所属する施設内を歩く時は,廊下をまっすぐに歩くことができません。

　中間管理職は,前から誰か来れば寄っていって「子どもさん,今年から小学校ね。昼間は誰か家にいらっしゃるの?」,次にあっちに行って「あら,今日はお化粧のノリがいいわね」,今度はこっちに来て「この間あなたの親御さんから,娘をよろしくって突然電話があったりしたけど,もしかしたら,あなた結婚するの?」と,利用者さんと職員にちょこちょこ声をかけながら廊下を蛇行して歩き,その先に平素からちょっと声をかけておいた方がいいな,と思っている職員がエレベーターの前に立っていたら,偶然を装ってエレベーターに乗り込み,密室で二言三言声をかけて反応を読み取り,さらに職員食堂で隣り合わせてご飯を食べ,それでもだめなら忘年会で酒を注ぐ,というようなあらゆる手立てを駆使します。それも,"いかにも意図的ではなさそうに"です。

　そして,何か上席者に報告しなければならなくなった時には,組織図上はAさんに報告しなきゃいけない,けれど本当はBさんに最初に聞いてほしい,しかし関係ないCさんが「わしは聞いとらん」などと後でふてくされることのないようにしたい,じゃあどうしようかな? というわけで,この3人が顔をそろえて

まずは「組織」を理解しよう。

いるところへ「よっしゃ，今だ」とばかりに飛び込んでいって皆に聞こえる大きな声で「話を持って来たよ。聞いてよね」とやるわけです。

こういうフットワークを，中間管理職である皆さんも日々発揮されていることと思います。でもこれも3年ほど続ければ，ふと夜空を見上げて「今日もとっても忙しかったけど，いったい私は何をやっているのだろうか」としみじみ泣けてきます。「わたしゃピンポン玉か」と思います。「管理職という名の雑用係を，せっせとこなして早3年」という気分になってきます。何よりそうやってピンポン玉をせっせとやったことの，何がどういうふうに功を奏したのかがわかりにくいのです。自分にも他人にもわかりにくい。ピンポン玉をやって，ねらっていた良い結果が出ても，誰もピンポン玉の功績に気づいてくれません。そこが中間管理職の難しさとおもしろさなのですが，悲しさでもあるわけです。

中間管理職である皆さん自身が混乱すれば，現場はもちろん，組織全体が混乱します。皆さん自身が，時にその複雑さがゆえにわかりにくくなりがちな自分の役割に対する意義を常に理解し，前向きな姿勢で継続的に管理業務を実践することは，施設や事業体にとっては大変重要なことなのです。

それゆえに，皆さん自身のセルフコントロールのた

めにも，配置図や組織図を十分に理解し，自分はどこに位置づけられ，何のために，何をしているのか，ということを常に自問し，明確に答えられるような状況を自分でおつくりいただきたいと思うのです。

そして，それができない職員には，皆さんが指導したり，指示をしたり，説明したりしてください。しかし，皆さんへの指導や指示は誰もしてくれません。自分が自分に対して説明し，納得をしなければならない。それが中間管理職なのです。

ちょっと寄り道

若いリーダーに伝えてほしい 「上司不在」時の対応法

最近よく耳にするのが，副主任というポストです。副主任というのは，ほかのポストとは違って，正式な承認手続きを経ることなく，師長あたりが「施設長さん，この人を副主任にしたいんだけど，いいわよね」とか言って決まってしまうようです。要するに内規レベルで，手当も号俸も変えずに「おまえが将来のリーダーなんだよ。まだわからんか，こいつは」とばかりに，まあ首に札をつけるような具合で決まってしまう。

まずは「組織」を理解しよう。

　このパターンで特に最近目立つのが、デイサービスの若い男性です。事務長あたりが、「おまえを男にしてやる。今日から副主任だ」とか言って「えっ、おれっすか？」「そうだよ。おまえだよ」と決まってしまう。それでも根がまじめな人たちなのでしょう、一生懸命頑張っています。もちろん、そういう人物だからこそ、期待と希望を込めて彼が選ばれているわけですが、本人は内心、「いい迷惑だ」くらいに思っているかもしれません。

　そこで、この副主任たち、つまりは「えっ、おれっすか？」という人たちに、先輩であるあなたから一度は説明してもらいたいことがあります。それは自分が不在の時のために、ちゃんと体制をつくっておくのだよということです。彼らは基本的にはまじめです。ですから、自分のいる時には懸命に、利用者さんのこと、ご家族のこと、職員のことについて頑張ります。それは大変結構なことです。しかしリーダーたるもの、自分が不在の時でも自分が出勤し職場にいる時と同じような状況を守るということが重要なのです。そこを教えてあげてください。

　まずは、若いリーダーの直属の上司が不在の場合です。休暇中や出張中、出退勤の途中、地域を移動している時、食事などで外出をしている時、病気で入院している時、重要な会議に出席している時など

です。その場合，直属の上司に対する連絡方法や，留守中何がしかの事態が起きた時に，どのような手立てを取るのかを，確認しておくことを教えてください。

　上司が不在の際によく起こることが，飛び超し命令です。通常は指示命令の序例を遵守するのですが，不在の際の緊急時にはためらうことなく飛び越します。ただしその後，ただちに上司に対して，等しく機敏に報告するということを伝えておくことです。

　それと，ベテランのリーダーなら，不在にする前に「あの職員は今日初めてフロアリーダーを担当するのよ。今日はショートの入所が多いし，ちょっと要望の多い家族だから，対応を間違えるかもしれない。その時には何か泣きついてくるかもしれないからよろしくね」くらいの根回しを，同僚の中間管理職にされますよね。でも若いリーダーはそういうことができません。

　自分がいない時に事故やクレームなど何がしかの事態が起きた時，最初に誰に報告するのか，リーダーなのか，それとも腕利きの先輩なのか，それとも頼りになるしっかりした人の固有名詞かを出して，「まずこの人に報告しなさい。そして対処した内容はあの人に報告しておきなさい。そして，私が戻ったらちゃんとすべてを報告するんだよ。できればこ

まずは「組織」を理解しよう。

このノートに書いておきなさい。個人のことならこの個人記録に書いておきなさい。そして，私が出勤した時には，たとえ紙に書いてあっても一番に私に報告しなさい」というようなことを言っておいてください。

　私は不在にした後には，いつも4，5人くらいに報告を聞いています。これは，わざとそうしているのですが，同じ日の報告でも，聞いた相手それぞれに表意・表現が異なります。その時に，「あ，この職員は，こういうことにとても興味があるんだ」「この職員はこういうようにこの事象を報告するんだ」ということがわかります。職員アセスメントができるわけです。それが後に役立ってきます。本当に重要な報告をしてもらわなければならない時に，その職員の特性を知って報告を聞くことで，解釈を間違えないで済むからです。平穏に過ぎた時の報告ほど，職員の特性は見えてきます。

　実は，フロアごとに，あるいはその日ごとの，小さな連絡網を皆さんはお持ちのはずです。それは全体が認識している組織図や配置図というものではなく，フロアごとの命令序列というようなものです。そして，そのことを意識して皆さんは勤務表を作成されているのではないですか。「もうこの日はどつぼだ」「この日は何とかいける」，あるいは「この日

はきっと何かが起こる。絶対に休めない」とばかりに，ちょっと気構えて出勤してみたり，「この日は何とか自分が抜けてもいけるんとちゃうか」と，外部の予定を入れてみたりと，心の中で赤丸つけながら勤務表を読み取られてると思います。そして，その赤丸をつけるかつけないかの判断は，「今日はこの職員がいるから安心」とか「今日はこの2人がいるからやばそう」という，職員の能力や相性のアセスメントをベースにしておられますよね。そういうことが，後のリーダー育成やリーダー候補の選定においてとても重要だということです。そのようなことを若いリーダーが意識的に，常日頃から行えるように，先輩リーダーとして指導していただきたいと思っています。

LECTURE 2

生活モデルを正しく理解しよう。

介護系リーダー，看護系リーダー

1

　介護リーダーの出身の系列は2つに分かれます。介護系と看護系です。特別養護老人ホームでは介護系出身者がリーダーになっているケースが多いようですが，概ね介護施設全般では看護系出身者のリーダーが多いのではないかという印象です。

　介護系出身のリーダーは，大抵首にタオルを巻いています。いつも汗をかいて，ポロシャツの第1ボタンは常に開けておられます。そして，ジャージの中にポロシャツのすそを入れるか入れまいかとためらうあともないという状況なのですね。そしてステータスは「人の2倍も3倍も頑張ります」というところにあるようです。

　その方たちの特徴として顕著な点は，私が指導に訪れた際に，まずは理屈抜きで具体的な方法をここに並べてくれという注文をなさることです。例えば「何でもやりますから，やり方を教えてください」とか「やり方さえ教えてもらったら，うちはすぐに実践しますよ」とか「おむつ外しのやり方を教えてください」「どうやったら一人入浴できるのでしょうか？」「勤務表組んでください」などです。

LECTURE 2

生活モデルを正しく理解しよう。

　私が「方法を紹介するのは一向に構いませんが，それを理解し，考え，最終的にどの方法で実践するのかどうかを決めるのはあなたですよ」と言うと，「えっ，あなたが決めてあなたがやってくれるんじゃないの」と言われてしまいます。「何を言っているのですか。ここのお年寄りと職員のことを一番よく知っているのはあなたでしょう？　あなたがその方法だとかやり方を見出して，指示として出すのですよ」と言いますと，急に肩ががっくり落ちます。何だかご期待に沿えず申し訳ないなと思いながらも，こういう場合にはちょっと厳しいやりとりをします。

「だってあなた，今まで研修会にはたくさん参加されたでしょう？」

「はい。研修会には何度も参加しました。施設長からいっぱい本も買ってもらいました。研修会に行き，本を読み，いろいろな所に見学実習に行きました」

「そして，どうなりました？　何にも変わってないでしょう？　それはあなた自身が考えてないからですよ」

「……」

　私が"秘伝必殺おむつ外し法"とかを知っているわけではないのです。

「おむつ外しの方法は，日本全国基本的にみんな同じです。方法は本にも書かれていますし，研修会でも報告されているはずです。そして，そのおむつ外しを

頑張って成功させている施設にも実習に行かれたでしょう？　それでもなお徹底できていないどころか，最初の一歩にさえ踏みこんでいないということは，あなた自身が自分の取り組むべきこととして考えていないからでしょう？　そのことを今回，私は指摘させていただき，まず一緒に取り組むきっかけをつくりにきたのです」

　この施設のお年寄りのおむつを外すのはあなたであって私ではないということの確認です。

　そうすると，さらにがっくり肩を落とされますが，その後の介護系出身のリーダーに多い反応にこういうものがあります。

「うちの職員ほど頑張る職員はいません。こんなに動く職員はほかにはいません」とすごく職員を褒め称えるのです。それは暗に，「もうこれ以上は働けません」ということなのですね。「もうこれ以上は働けません。もう人間として限界です」ということを「うちの職員はすごいのですよ」という言い方で表現しているわけです。このような方が介護系出身のリーダーに多いタイプです。私は個人的にはこういう方が大好きなんですけどね。

　介護系出身のリーダーの方々は，機会ときっかけさえあればどんどん変わります。業務改善の方法論は，その変革のきっかけさえつかむことができれば後から

生活モデルを正しく理解しよう。

いくらでも創意工夫され，いくらでも変化していきます。これが介護系出身のリーダーのすばらしいところです。

看護系リーダーの苦悩

　少々深刻なのは看護系出身のリーダーです。だいたい皆さん眉間にしわがよっています。何をそんなにいらいらしているのでしょうか？　私が質問するより先に，次々に質問が出ます。「看護と介護はどう違うの？」「役割分担をどう考えているの？」「責任の所在はどうなっているの？」という感じで質問攻めです。

　私はPT（理学療法士）ですから「師長さんの方が看護や介護のことはお詳しいでしょ？」と返しますと，「冗談じゃないわよ。はっきりしてちょうだい」って，何だかのっけから怒っているのですね。そこで「何で，そんなに怒っているのですか？　師長さん」と聞きますと「私が大学病院に勤めていた頃はね，ベッドの上は正看，ベッドの下は准看，床の上は補助看って，役割がはっきり決まっていたのよ。ところがこの施設ときたら，もう何もかも一緒，何が何だかわからないじゃないの，頭にきてしようがないのよ」と，ワーッと

怒っているのですね。私は「はあ，困りましたね」と言うしかないんです。とにかくぷんぷん怒っていて，余程何か腹が立つことが日々あったのでしょうね。そしてそれを言う相手がいなかったのだろうなと思うのですけれど。

　こういう場面では，とりあえず私はこう言います。

　「師長さんがおっしゃられるとおり，確かに看護と介護は，あらゆる分野で一緒に働く機会が増えましたね。では，それぞれがどんな分野で働いているかというと，病院や施設，在宅サービス，一連の地域サービスですね。または，保健・医療・福祉の各分野でも看護と介護は一緒に仕事をしていますね。保健・医療・福祉であろうと，病院であろうと施設であろうと在宅であろうと，そこに看護と介護の両者がいるわけなのですが，それぞれが共通して目標としていること，共通して大切にしているものがありますよね。まずそこから整理しましょうよ。分野や所属を問わず看護と介護が共通して目指しているものを明確にして，それからそれぞれの仕事としての概念モデルを整理する。これで師長さんの今のお悩みがどこに位置するのかをはっきりさせましょう」

　そこで最初に考えるのが「医療・保健・福祉に共通して目指されている目標とは何か」ということですが，答えはすぐに出ますね。QOLの向上です。QOL

LECTURE 2

生活モデルを正しく理解しよう。

の向上というのは具体的に言うとその人らしい生活を守る,またはつくり上げるということです。ここまではすらすらと出てきます。

「では,師長さん,その人らしい生活って何でしょうね」と聞きますと,「それが一人ひとり違うから大変なのよ」と言われます。「そんなのわからないわ」と。残念ながらここでおしまいです。

「いや,いや,いや,そうではなくって,その人らしい生活というのがそもそも何なのかがわからないと,ケアのポジションをどこに置くかがわからないんですよ」

3 「医療モデル」と「生活モデル」の違いを理解する

では,その人らしい生活とは何かということを考えます。まず1つは「当たり前の生活」ですね。

「当たり前の生活。これをしっかり手づくりしましょうよ。施設であろうと病院であろうと,在宅部門であろうと,まずこの当たり前の生活を,目の前の利用者と呼ばれるお年寄りに手づくりして手渡ししていきましょう」と,そう言います。

では,「当たり前の生活」とはいったい何なのかということなのです。当たり前の生活というのは,夜寝

ること，朝目が覚めること，そして今日はどこに行こうか，誰に会おうかと思いながら身繕いすること，そしてお腹をすかせてご飯を食べること，自分がおしっこしたいな，うんこしたいなと思う時に，おしっこ，うんこをすること，肩やあごまでお風呂に浸かって「ああ，気持ちいいな」と思うこと，親しい人と今日はこんなことがあったあんなことがあったと語り合うこと。そして「やっぱ寝るのが一番」と言いながら寝床に入ること，これが当たり前の生活です。これを，施設，在宅，病院にかかわらず，利用者，地域住民，患者と呼ばれる目の前の人物，皆さんに具現化していただきたいということなのです。

　そしてその次に，いろいろな個人の特徴が出てくるわけです。生活に対する習慣，あるいはこだわりと言ってもいいかもしれません。「私は，朝，目が覚めたらすぐ顔を洗って，歯を磨きたい。そうしないと目が覚めた気がしない」とおっしゃる方がいます。「いや，私は朝ご飯を食べてからしか歯を磨きたくはない」とおっしゃる方がいます。これらはどちらが良いとか悪いとかの問題ではありません。その方の生活習慣やこだわりです。

　朝は必ず味噌汁だという人もいれば，パンとコーヒーの方もいらっしゃる。「湯船の中でタオルで耳の後ろをこするのが，私のお風呂」というおじいさんも

生活モデルを正しく理解しよう。

いれば，「タオルを風呂の中につけるのは一切許せん」というおばあさんもいます。

　「当たり前の生活」を基礎にして，その人ならではの生活習慣を大切にする。これを総称して，「その人らしい生活」ということになるわけです。この「その人らしい生活」を守り抜いていく状態，または守り抜こうとすることそのものがQOLの向上です。QOLというのは，どこか異国の果てにいる青い鳥ではなく，まさに今，私たちの目の前にいるこのお年寄りの中にこそあるのだということです。

　ところが，この「その人らしい生活」を脅かすものがあります。それが機能障害です。視聴覚の障害，身体の障害，精神の障害，知的な障害，そして内臓器官をはじめとした内部の障害，あらゆることを総称した機能障害です。その人らしい生活を守ることが大切なのに，機能障害がその人らしい生活を脅かそうとしている。ならばこの機能障害をなくしてしまおうというのが医療モデルの考え方です。機能障害をなくそうとするのですから，目標は治癒・回復ということになります。そして，その方法はキュア，すなわち治療，訓練，処置となります。

　しかしながら，私たちの仕事は「生活支援」です。回復期リハビリテーション病棟や特殊疾患療養病棟においてもそうです。となりますと，この生活支援の場

に医療モデルの考え方を当てはめようとすれば、当然無理が出てくるわけです。治癒・回復というのは、耳には心地よい響きがありますが、生活支援の場にこの発想を持ち込むと、支援する側の障害を持つ患者や利用者に対する視点が「今のままのあなたではだめなのだ」という方向になっていきます。だから治療をして訓練をしなければならないのだ、と。

　しかし私たち「生活支援」のスタンスはそうではありません。「目が見えないのが何さ」「手足が動かないのがどうした」ということです。「どうしてばあちゃん、目が見えなくて悲しい？　どうしてじいちゃん、手足が動かなくてそんなに悔しい？　それを教えて」ということです。私たちは、仮に目が見えなくても、手足が動かなくても、じいちゃんがじいちゃんであることが一番大事なんだ、ばあちゃんがばあちゃんとしてここにいることが一番大事なんだ、と考えます。それが私たちのスタンスです。決して機能障害を治癒・回復という名において、なくしてしまおうという立場ではないのです。

生活モデルを正しく理解しよう。

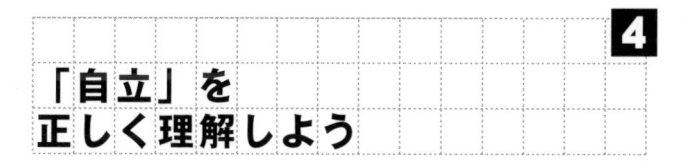

4 「自立」を正しく理解しよう

　機能障害がその人らしい生活の中で真に受け入れられた時，その機能障害は個性となります。機能障害は最初から個性なのではなく，個性になっていくのです。しかしそのプロセスにおいては，その機能障害がその人の生きにくさや生活のしにくさとしてご本人を苦しめます。病気によって手足が不自由であるという場合もそうですし，老化によって目が見えにくくなる，耳が聞こえにくくなる，腰が曲がる，足に力が入りにくくなるなどというのもそうです。生きていく中で，ケガや病気で障害を持つのは誰にでも起り得ること。老化は人間が生きていく中では自然で当たり前のことです。「その当たり前のことが，なぜあなたを生きにくくさせているの？　生活しにくくさせているの？　そのことを私たちに教えて」というのが，生活の場のアセスメントの基本となります。

　ですから，何をアセスメントするかというと，この生きにくさ，生活のしにくさ，つまりは生活障害に対して，私たちがアプローチできることをアセスメントするのです。これが生活モデルです。生活モデルの目標は，治癒・回復ではありません。

「自立」ということになります。「自立」というのは，たった一人ぼっちで，誰の手も借りず力も借りず，強くたくましく生きることではありません。自分ができることとできないことを明らかにして，できないことにはしかるべき援助を受けできるようになるということです。そして，その援助を受ける側と提供する側双方には，健全なる「ありがとう」がやりとりされている。その状況が「自立」だということなのです。

　そしてこの「自立」こそが，私たちの目標となります。となれば，方法はキュアではなくケアすなわち援助，介助，支援となります。

　このようなことを，師長方に説明しますと，「ああ，わかりました」と言われます。「どうです？　すっきりされましたか？」と聞きますと

　「うん。わかった，わかった。考えてみれば当たり前のことじゃんね。要するに介護が生活モデルだろ？　で，看護は医療モデルなんだろ」

　「違うって（まだわかんないの）。いいですか。生活モデルの中に看護と介護があるんだって言ってるんですよ。医療モデルの中にも看護と介護があるでしょう」

5 生活の場の専門職とは？

　医療・保健・福祉のさまざまな分野で看護職・介護職たちは働いています。介護保険法をベースにして生活支援施設で働いている，または生活支援サービスというのを行っているのであれば，私たちの仕事は明らかに生活モデルであるということです。

　しかし，一人の固有の名前を持った人物という単位で考えると，ゼロ歳でその方が出生されて，20歳までに機能が向上し，徐々に機能を低下させながら，80歳なり90歳くらいで亡くなられます。機能低下というのは悪いことでも不幸なことでもなく，自然で当たり前の人間発達です。この自然なラインを生活支援の場にいる私たちが支えきろうじゃないかと言っているわけです。ただ，その過程で肺炎になるとか，大腿骨を骨折するなどした時に，これを医療が総動員して支えきるということは当然あり得ます。高じて医療と生活が共にかかわりながら，最後にはターミナルケアの中で医療と生活が真に出合っていくわけです。医療と生活の集大成を，お年寄りがターミナルケアの実践を通じて私たちに教えてくれるというのが，生活の場におけるターミナルケアの醍醐味になるわけです。

ですから，一人の個人を単位にいたしますと，求められるのは医療モデルと生活モデルの統合性です。だからケアマネジメントが必要なのです。その上で，私たちが仕事として立つスタンスは生活モデルなのだということを看護・介護のリーダーたる人が正確に理解しておかなければ，相変わらず現場が混乱します。つまり，看護と介護がくだらないけんかをいつまでもしてしまうことになるわけです。

　看護職の方が生活モデルの場でよく失敗するのは，こういうケースです。

　まず看護師が「このおばあちゃんにはこのお菓子をあげてはいけない」と言います。「どうしてですか？」と介護職が聞くと，「生活習慣病だから」というわけです。「生活習慣病って何だろう？」と介護職が聞くと「糖尿病です。尿の中に糖分がいっぱい出てね，悪くなると目が見えなくなったり，腎臓の機能がああしてこうして……とにかく甘い物は食べさせちゃだめなの」というような一般論を言うだけ。介護職は「おばあちゃん，食べたい，食べたいって言ってるのになあ」と思う。

　生活の場の専門職であるなら「甘い物が食べたいな」と言うおばあちゃんに，糖尿病だけを理由に甘いものを取り上げるという素人でもするようなことはせず"食べたい"という本人の思いを最も尊重して「大

LECTURE 2

生活モデルを正しく理解しよう。

丈夫。おばあちゃん。こんなふうに工夫すれば甘い物も食べられるよ」とその時持っている糖尿病に関する知識・技術をすべて用いて、食べ方の工夫をわかりやすく答えなければなりません。すると、おばあちゃんは感心して「あんたは何でもよう知っとるな」と言います。ここで「うん。おばあちゃんのためにいっぱい勉強したんだもん」と言える人が、生活の場の専門職なのです。

例えばデイサービスで、「家では風呂には入りたくない。嫁さんには手間をかけられんから、わしゃお風呂は大好きだけど、どうしても家ではお風呂に入りたくない。だからデイサービスでお風呂に入りたい」と言うおじいさんがいます。家族もおじいさんは大切だけど家では手間がかかるので、外でお風呂に入ってくれたらどれだけ助かることかと思っています。そして自分の親の世話を人に任せるなんてすごく後ろめたい気持ちがするけれども、しかしお風呂であんなに喜んでくれるのならサービスを利用するのもいいかな、と思うようになります。このように通所系においてお風呂はとても重要なポジションを持つことが多いわけですね。

さて、そのおじいさんがデイサービスにやって来ました。血圧を測りました。入浴は中止となりました。なぜ入浴中止になったのかというと、血圧が高いから

ですって。おかしいでしょ。おじいさんはお風呂に入りたい一心で,自宅の玄関の前で車いすに乗って待っていて,待ちわびたバスに乗って,やっとここのデイサービスに到着して「ああ,やれやれ」という時に「今日はお風呂には入れませんから」なんて,そんなこと言うなよ。いいですか。お風呂が大好きなおじいさんの血圧の数値が高いことだけを理由に一方的に入浴を中止するなら,そこに専門職はいらないということです。「確かに血圧は高いけれど,このように工夫すれば大丈夫,安心してお風呂に入れるよ。私が付いてるからね」と持てる知識・技術と自身の存在を根拠にして"安心"の理由をわかりやすく説明できることが生活の場の専門職のしかるべき態度なんだということです。

　生活の場の専門職というのは,その人物の可能性を制限したり,禁止したりするのではありません。専門職だからこそ持ち得る知識・技術を駆使して生活の場を拡大していくのです。このことを師長が理解しなければ,現場がおかしいことになります。「私たちの現場は生活モデルだからね」というのはこういうことです。

生活モデルを正しく理解しよう。

医療モデルと生活モデルの違いをもう一度　6

1) 目標

医療モデルの目標は治癒と回復。生活モデルの目標は自立です。

2) サービス利用者

サービス利用者は，医療モデルにおいては患者と呼ばれる客体的存在になります。主体は医療提供側で

〈医療モデル〉		〈生活モデル〉
治癒・回復	目標	自立
患者（客体）	サービス利用者	生活者（主体）
疾患・障害	業務対象	環境 (物的・人的・関係)
専門家 (いわゆる先生)	サービス提供者	利用者本人にとって有益な個人（固有名詞）
治療・処置・訓練	方法	介助・援助・支援
キュア	業務	ケア

医療モデルと生活モデルの比較

す。つまり，患者と呼ばれるその人物が，医療に対する基本的信頼を基礎に置き，本人の主体性を委託してサービス提供を受けるということです。ゆえに，医療従事者が患者を振り回すという構図になりやすい。「何時までに来てください」「何々をしてください」「何々をしてはなりません」ということです。これは治療を目的とした教育・指導・指示というものが医療モデルにおいては必要だということなのです。これが時には医療職側からの押し付けととられることになるわけです。しかし，医療の現場にもインフォームドコンセントというのがあるではないか。という意見もありますが，医療といえども対人援助サービスであることには変わりありませんから，インフォームドコンセントなどは当たり前のことなのです。これを強調しなければならないほど，医療モデルの現場では医療従事者が患者を振り回しすぎているのでしょう。

　生活モデルにおいては，サービス利用者は生活者ですから，利用者が主体です。ここでは利用者がサービス提供側を振り回します。私たちは振り回されてなんぼの仕事なのです。「おじいちゃん，ご飯だよ」と言いますと「わしゃ，食わん」と言いますね。「どうして？」と聞くと「相撲が始まる」と。「相撲はないよ」と言うと，「うんにゃ，そんなことはない。貴乃花はわしが応援せにゃ負ける」とか。「貴乃花はもうやめ

LECTURE 2

生活モデルを正しく理解しよう。

ちゃったんだよ」と言いたいですけれど聞き入れてもらえませんから,「じゃあ,お部屋に持ってくよ」と言いますと「いらんといったらいらんのだ」と怒り出します。「もう,どうしてあんなに機嫌が悪いのだろうな」とぼやきながら詰め所に戻ってきたあたりで,「誰もわしを飯に連れて行かんのか」と怒られる。「どうすりゃいいのか,このじいさんは」と思うのですが……。

　他人を振り回すということを,わがままとか自己中心的と言いますが,わがままとは,「我がまま」ということですから「われがまま」と読み変えると,なんだかとても良い言葉のような印象がしませんか。自己中心というのも,中心となるべき自己があるのは良いことではないかと思うのです。私たちは老人ケアにおける最高の価値を,お年寄り個々の主体性と個性におくわけですから。わがままを,"われがまま"という意味にとるなら,それは主体性を大いに表現している状況です。ありがたいことですよね。

　逆にいうと,わがままにもなれない,「我」を封印してしまったお年寄りの主体性を,どうやって引き出していこうかということに私たちは苦心惨たんするわけですから,わがままを言っていただけるというのは本当にありがたいことなのだという解釈になるのです。

　そう考えて,私たちの仕事は「振り回されてなんぼ」ということを覚悟した途端,そこの施設では,問題老

人とか処遇困難事例なんていう言葉を簡単には使えなくなります。そうなれば,問題老人や処遇困難事例は,いわばお宝ケースですね。皆さんのチームの底力を上げてくれる大切な利用者になるわけです。

　例えばこうです。施設に相談員から連絡が入ってサービス利用の検討が始まります。

「家の前に階段がいっぱいです」

「細い道なんだって」

「家族は仕事ですぐ出て行っちゃうんだって。ばあちゃんは痴呆でね,すごい金にこだわりがあるんだって。どうする,どうする,どうする」とぴーちくぱーちくやってます。

「迎えに行きましょう」とリーダーは言います。ところが……。

「二人送迎だって。やかましい家族だからトラブルになるかもしれないよ。どうするの？」

「おばあちゃんはその日によって言うことがくるくる変わるんだって？　本人が行かないって暴れだしたらどうする」と心配事は山積のようです。

「じゃあ行かないの？」とリーダーは言います。このおばあちゃん断ってどのおばあちゃん迎えに行くのだ,と内心思いながら……。

「この人,暴力行為があるんです。しかも歩き回るんです。体がふらふらして一人付いとかなきゃいけな

生活モデルを正しく理解しよう。

いんです。転ばしたら家族がとっても怒るんです」

「じゃあ、一人付けばいいでしょう」と言った後、

「殴られるのが私たちの仕事でしょ。そもそも殴られるのはヘボなのよ」と続けます。「この世界に入ろうと思ったんなら、お年寄りからつばかけられるとか、殴られるとか当然覚悟して来てるでしょ」と。「暴力行為があるということがわかっている方に殴られるのは、あんたがヘボだからなんだよ。殴られたら、私がちゃんと避けなかったから殴らせてしまったのだ、ごめんなさいという気持ちで接しなきゃいけないんだよ」「どんな大物が来たって、必ず心から笑ってもらうぞ。ワクワクするな、ぐらいの気持ちでなくてどうする」と言います。

処遇困難事例や問題ケースと一部に呼ばれているような利用者を、介護職たちが生き生きと迎え入れる瞬間というのは、施設の中で介護力がぐんぐん育っている時だなというように皆さんもお感じではないかと思います。処遇困難や問題行動を理由に利用をお断りすると、もうこの職員たちは将来の介護についてプライドを持てません。私は拒絶した経験がある、私は断った経験がある、そのことをうやむやにして、おむつ外しはどうしたとか、一人ひとりに寄り添うケアだなんだとか言ったって、全部嘘っぱちだと本人たちは思うわけですから。

ケースは一切断らない。望まれたサービスについてはまず受け入れる。処遇困難事例はお宝ケースであり，問題行動がある方はチームの底力を上げてくれる大変重要な人物なのだということ，このことをリーダーは知っておかなければなりません。

3) 業務対象

業務対象というのは，医療モデルにおいては，前述した機能障害，つまり疾患や障害です。逆に，生活モデルにおいては，生活障害ということになります。生活障害のアセスメント内容は環境です。その方自身がどのような物に囲まれているのか，どのような人に囲まれているのか，どのような関係性の中にあるのかで決まるということです。

物的環境というのは，ベッドがいいのか，畳がいいのか，手すりはどの位置がいいのかということです。つまり，目に見える生活基盤ということです。

人的な環境というのは，その方とかかわる人間がどのような知識・技術を持っているかということです。もう一つは周囲の人の人間観です。「今日はこんなにお天気がいいから，外でご飯でも食べようよ」というような人間観を持たれているのか，「お年寄りなんだから，障害があるのだからじっとしといて。もうごそごそしないで」というような人間観なのか。それが人

的環境の質となります。

そして、周囲の人との関係性ですね。もちろん施設職員も含まれます。

「あのおじいさん、また今日のショートステイに来るんだって。やっと入院してくれたと思ったのにね。肺炎が治ったんだってよ」

「病院にいたんだから、1回家に帰ればいいじゃんね。家にも帰らずまっすぐうちに戻ってくるんだって。たまったもんじゃないね。あのおじいさんさえいなければ、今日のショートは平和なのにね。あのおじいさんさえいなければ、今夜の夜勤はうまくいくのに」
というような否定的な関係にとらえるのか、

「おじいちゃん、またショートステイで来てくれるんだって、この前風邪引いて病院行ったじゃん。肺炎ですぐに治ったんだって。良かったね。戻ってきてくれるって、また会えるって、良かったね」
という受容的な関係なのか。

このような物的環境、人的環境、介護関係でその方の生きにくさ、つまり生活障害は変わるということです。

4）サービス提供者

サービス提供者は、医療モデルにおいては有資格者、専門家です。いわゆる"先生"といわれる人たちです。その場合は、資格と持てる知識・技術が先に要

求されます。ですから患者や家族は,「先生」とか「看護師さん」というように,名前よりも役職を先に呼ばれるのではないかと思います。

　逆に,生活モデルにおいては,利用者本人にとって都合がいい,うまが合う,かけがえのない,信じられる,そのような人がサービス提供者ということになります。ですから資格や職種よりも,みっちゃんとか,はまさんとか,固有名詞で呼ばれることが多いのではないかと思うのです。

　知識や技術や持てる資格よりも前に,自分にとって心地の良い人なのか,都合の良い人なのか,かけがえのない人なのか,信じられる人なのかということ,それに選ばれた人がサービス提供者となるわけです。

　ただ,こんないい加減で弱虫の私が,お年寄りからもし選ばれることがあったとしたら,そこには単なる相性だけではなく看護や介護の経験や知識が裏付けとしてあったのだ,ということは大切にしていこうということです。

5）方法・業務

　方法は,医療モデルでは治療そして処置や訓練になりますが,生活モデルでは介助や援助・支援となります。それでは生活の場における専門性とはいったい何なのでしょうか。生活援助には専門性はなく,援助者

生活モデルを正しく理解しよう。

の個人的な資質のみが問われるのでしょうか。

　ここで考えておきたいのは，医療モデルにおける専門性の在り方はすでに確立されており，その専門性により，患者と呼ばれる人物を適応判定ということで選別していくということです。この治療に適応しているか，訓練の対象になるか，処置をする必要があるかという視点で，医療側が選別・選択するということです。

　しかし，生活の場はそうではありません。私たちが選ぶのではありません。私たちが選ばれるのです。私たちが利用者から望まれた，選ばれたということ，このことに私たちは感謝も含め，敬意を表し，サービスを提供させていただくということなのです。この生活の場の専門性を一言で言うのなら，困った人を見捨てないということです。生活支援の場が対象者を選び始めると，それは生活の場の専門性を捨てたということになり，現場は腐るわけです。

　生活支援の場が対象者を選ぶ，その最たる例がかつての介護老人保健施設（老健）でした。中間施設とも呼ばれていました。老人病院や特別養護老人ホーム（特養）はそのアイデンティティを良くも悪くも問われたことはありません。病院には患者がどんどん来ました。特養も措置時代から入所待ちをたくさん抱えていました。患者や利用者を選ぶなどという行為をしたことがありませんでした。しかし，老健は選びました。

入所は3ヵ月だ，いや6ヵ月だ，家庭復帰が前提だ，というようなことをいっては利用者を選別してしまったのです。だから老健は腐りました。

そして後に，制度としての逓減制が，その現場で働く看護・介護職たちを苦しめました。

「いったい何のための，誰のための家庭復帰なの？」

「師長さん，いつも言ってたじゃん。その人が望まれることを一番にして差し上げなさいって」

「あのおじいちゃんは体が不自由でうちの施設に来た。やっと慣れたって喜んでたら，風邪ひいちゃった。風邪で，怖い苦しい思いをしているのだから，私たちが一番そばにいなければいけない時なのに，今朝，出勤してきたら，もうおじいちゃんはいないって。入院したって。いつ戻ってくるのか聞いたらベッドが空く時だって。何それ？」

おじいちゃんの意向でもなく，私がこのおじいちゃんの介護を担当しているのだという思いさえも無視して，当事者とは全く別の外側の理由によって，お年寄りにとっては不本意な移動が目の当たりにされてきました。このことがまず介護職を腐らせました。何のために介護をやっているのかわからなくなってきたからです。

そして看護職たちもつらい思いをしました。当時の師長たちです。「どうしてあいつより先におれが出て

LECTURE 2
生活モデルを正しく理解しよう。

いかなければいけないのだ」「どうしてあいつが残って,わしが出ていくのだ」というようなことを問い詰められ,お年寄りの入所期限設定とその意味合いをこじつけるのが師長の仕事なのだろうかと思い悩むところまで追い詰められてきました。そしてケアの本質を考えなければならない時に,今やっていることがどういう意味を持つのだろうかと考えることさえできないまでに現場が慌しくなってきたりして,結果,中間施設は介護もなければ医療もないという中途半端な施設にまで堕落していったわけです。

　これが職員をたいそう苦しめました。「いったい誰の,何のための家庭復帰なのか」「真なる社会復帰とは何なのか」ということを,この痛みの中で本気で考えた中間管理職がいて,利用者本位の介護老人保健施設へと生まれ変わっていくわけです。もうあの頃の老健のような思いはしたくないというのが,今の私たちの思いです。私たちはお年寄りを選ばない。お年寄りから選ばれることはあっても,お年寄りを選ぶようなことはしない。選ばれるべきは私たちなのだという,このスタンスを忘れないということなのです。

7 看護系リーダーの解けない呪縛

このあたりまで説明しますと，大抵の看護・介護のリーダーの方は，「自分たちの仕事の概要が見えてきた」「立つべきスタンスが見えてきた」とおっしゃいますが，やはりどうしてもこだわる方がおられます。介護老人保健施設の総介護長と呼ばれる方たちに多いようです。大抵看護系出身です。この方たちはプロフィールとして，母体となる病院か，以前勤められていた立派な病院を背景として持っておられます。○○県立病院とか○○医療センターとか，名前を聞くだけでも立派な病院です。そこで看護部長や総師長職を歴任されています。つまりは，病院で優秀だった看護管理者が生活支援施設のリーダーになったケースです。

病院で優秀だった看護管理者というのは，いわば共通言語や共通の教育背景を持った看護チームでリーダーをしてきた方です。同じような看護学校で，同じような教科書を使って，同じような教師たちから同じようなことを習って，そして同じように思春期に白い服を着てろうそくに火をつけて泣いたのです。そして歌を歌ったのです。あの思春期の，人生で最も感受性の強い，お父さんのパンツも触りたくないというくら

生活モデルを正しく理解しよう。

い，清潔・不潔に敏感な頃に，ろうそくに火をつけて歌を歌ったら，やはり心に深く染み込むものがあるのだろうと思うのです。これが介護職にはわからない。何だろう，このこだわりは，と思うわけです。看護師は看護学校での序列がそのまま現場の序列になるのです。そのようなところで長い間経験を積まれて，しかも立派な看護師だ，有能な管理職だと言われた経験を見込まれて，老健の師長に大抜擢されたわけです。

さて，病院で有能であるということは，診療の補助，つまり医師の指示にも有能を示してきたということです。

私がかつて勤めていた病院では，師長の辞令が出る条件はお医者さんのご機嫌が取れることでした。加えて古代文字のような医師の指示簿の文字が病棟で唯一読めるとか。そのようにお医者さんの顔色，ご機嫌，そして引き出す処方，それに応えてどう乗り越えるかということに長けている人が，師長に選ばれていました。そのような方が病院で有能だったのです。

そういう有能な師長が，いよいよ介護老人保健施設に代表されるような生活支援施設にやって来ました。そこでは従来の看護の在り方を知らない職種とチームを組まなければなりません。しかも相手は看護の世界には存在しなかった憎き介護職たちです。なんせ，茶髪ですよ，ピアスですよ，爪に色がついていますよ。どこかの民族衣装かと思うようなじゃらじゃらしたも

のをいろいろつけていますよ。そして申し送りの時は立ったまま寝ますよ。

　神聖な申し送りを，おまえたちは何だと思っているのだと有能な師長は激怒します。記録を見ながら「ちゃんと漢字で書きなさい」などという信じられない会話があったりします。

「ネグを替えました」
「ネグって何？」
「ふとん」
「ふとん？　寝具？　そりゃシングでしょ」という感じですね。

「それくらいの漢字はわかるでしょ」と言うと「師長さん，そんなに細かいことを言うなよ」と言い返されたりして。寝具をネグと読み替えるのは，この業界においては細かいことではないと，さすがの私でも言いたくなるわけですが，そのようなことが日常茶飯事ですから非常におもしろいです。

　こんなことがありました。おばあちゃんが押し車を押して詰め所にやってきます。「ボタン付けしたいんですよ」とおばあちゃんが言います。介護職は「いいよ，いいよ」と詰め所にお年寄りを入れます。それだけで師長はかちんとくるのですが「いや，いや，ここは生活支援の場だから」と自分に言い聞かせます。おばあちゃんはちまちまとボタン付けを始めます。それ

生活モデルを正しく理解しよう。

を見ている師長の視界に白い影がふっと動きます。「あっ,先生だ」と思うと,もう師長は半分腰が浮いています。これを"白衣反射"と言いますが,白いものを見ると腰が浮くのです。

詰め所に入ってきた医師に「先生,お疲れ様です」と師長が最敬礼しているのに,介護職たちはあごで「おすっ」とか「ちわっす」とか言うわけです。「ちわっすって何?」と師長は驚きますが,中には「あっ,なんだ先生だった」という者がいます。医師を利用者と見間違えているわけです。

こうなれば,師長にとって介護職は「信じられない」「何考えてんの」「清潔と不潔の意味もわかっていない」など,とにかく頭にきてしようがない存在となるのです。で,介護職の方はときたら,「何で師長さんはおれの顔を見るとあんなにすごくいらいらするのかな。おれ師長さんのこと結構好きなのにな」とか言ってます。「あんたから好きとか言われたくない」と師長は思っちゃいます。すると若い介護職が言います。「怒る師長さんが超かわいい」。

あれじゃあそのうち首を絞められるのではないかと思いましたけど,そのようなことが日常的にありました。

こんなこともありました。医師の指示がないのです。「先生,診てください」といっても医師は「うーん」とうなって「この方は前は何をしておったかな」と師

長に以前出された指示を確認します。そして師長の言ったとおりにします。師長は「そういうことではないでしょう,先生。とにかく診てください,指示がありません」とか言いながら「大体いい加減なのだから,全部私が段取りして準備しないといけない」と,ワーッと怒ります。

　もちろん医師ですから,治療の指示は出せます。しかし生活支援施設ですから,人ひとりがどう生きていくかということに第三者が指示を出すということには,緊張感を持たなければいけません。医師だからといって人ひとりの生き方の指示はできないのではないかということですね。

　そうしますと,介護職はあてにならない,医者もあてにならないとなり,行き詰まった揚げ句師長の頭に天啓がひらめくのです。「そう,私には看護職がいる」と。

　ところが,看護職員募集に反応して応募してくる看護職は,「勤務は月水金にしてください」「12時半に上がらせてください」「私４時半に帰ります」「土日は出勤できません」とまあ,あなた働く気はあるの？　というような人ばかりなのです。いいでしょう,子どもが小さいんだから,家の都合もあるのでしょう。そう気持ちを整理して,背に腹は代えられませんので,１人か２人は雇ってしまいます。そうすると,それが有象無象,何だか知らないけれども変な影響を広げてし

LECTURE 2
生活モデルを正しく理解しよう。

まって,あまり頭にくるのでちょっと呼ぶわけです。

「あなた,どういうつもりでここで働いているの」

「いやあ,私ね,病院にちょっとしか勤めてないじゃないですか。すぐ結婚して子ども産んだし,その後もずっと家庭だったから病院ではもう勤まらないかと思って……。老健だったら勤まるかなと思ってたんだ。軽症ばかりだと思ってたのよね。車いす押して日向ぼっこしながら,何だか楽しそうじゃないですか。でも実際に来たら,経管栄養に重度の痴呆に長期の利用ばっかでしょ。もうびっくりしちゃって。冗談じゃないわよって感じ」

「冗談じゃないのはこっちの方だ。ばかにするのもいい加減にしろ」と師長は怒ります。

つまり,生活支援施設は病院より簡単だとか,重症者はいないとか,そのような誤った二流意識と向き合わなければならないということなのです。生活支援というものが,単に障害の重度や軽度を超えて,なお深みのある仕事だということが何ら理解できていないのです。

こうなってしまうと師長は行くも地獄,戻るも地獄です。誰も相談する人はいない。誰もわかってくれる人はいない。変に愚痴を言ったりすると誰にどこでどうつけ込まれるかわかりませんから,一日中強がっているわけです。あまり強がり続けると,そのうち何のために強がっているのかすらわからなくなってしまう。

「強がるだけが人生か」のようになってしまうのです。こんな女に誰がした……。

　だから「師長さん，もう一度ちょっと考えてみよう。看護の意味，価値，言語をもう一回見直してみようよ。診療の補助だけではなくてさ，療養上の世話という言葉があったじゃん。責任と不安を持て余すのではなく，自分の仕事を自分で創ろう。つまり，検査データでもなく，処方箋でもなく，本来の自らの目で見て，手で触れて，人を守り育てるという看護の本質を見直してみようよ。ご自身の意思を持って，私の看護をやりたいと思ったから，この施設にやって来られたのでしょう？　そうですよね。それができる人だから，それをやりたいと思った人だから，ここに来たのではないですか。師長さん，きっとあなたならできるよ」という話になります。

　そうすると，師長はガアーッと机に伏されるわけです。大体早い人で1時間，時間がかかる人で2時間くらいです。ぐわっと泣き出します。すごいですね。何と言うのか，憑き物が落ちるというのでしょうか，相当たまっていたのでしょうね。こういう気持ちは介護職にはわからないでしょう。

　介護職というのは，最近はいろいろと基礎的な学習をして来る人たちも増えてきましたが，それでも専門学校でちょっとお勉強した程度でいきなり現場に出て

LECTURE 2

生活モデルを正しく理解しよう。

きて，結局自分の身一つでおむつ交換や入浴介助を覚えていき，どきどきして夜勤をし，理屈よりまずは体で覚える，という部分が多いようです。本人にしてみれば自分以外に頼るものはなかったわけです。体当たりで怖い思いをしながら，いわゆる自分の存在をかけた介護を習得するわけです。

ところが，看護職は現場に入る前から知識と技術があって資格がありました。ですから，先に知識，技術と資格で現場の中に導入されていくわけです。それゆえに，それら以外，つまり自分自身そのものの在り方が先に要求されるような状況では，足場がもろくも崩れ去るということなのです。つまり思春期の頃に培われた「看護かくあるべし」という看護観を自分の人格の一部のように育んできた人にとって，生活支援の現場で改めて看護観の変化を求められるということは，自己変容そのものなのです。これは時に身を切るほどにつらいと話される人もいます。

そのことが介護職たちには理解できないのです。なぜなら介護職は，「おれたちはお年寄りから学んできたし，体を張ってやってきた。それ以上でもそれ以下でもなく，身の丈のことしかできない」ということを最初から体験しているからです。ですから，師長が，なぜその存在の根底まで揺るがすようなお悩みを持っているのか，これがなかなかわからないのです。

8 医療モデルと生活モデルの融合と調和

　看護職と介護職が，その成り立ちや看護観，介護観をどのようにして体得してきたのか，その背景を互いがおもんぱかりながら理解を深めていき，生活モデルを仕事の構成として双方が共通理解できた時に，看護と介護のずれは最小限へと食い止められていくのです。このことをリーダーが押さえておかないと，職場がおかしなことになるということです。

　看護系出身のリーダーと介護系出身のリーダーと，それぞれが自分自身の看護観や介護観の成立の特性を，自らが自らについて知り，そしてそのことが看護・介護においてどのようなずれを及ぼしているのか。そのことを認識した上で，改めて医療モデルと生活モデルを用いて，今の現場を職員に説明する必要があるのです。

　日常的にいろいろなトラブルが起きてきます。その時に，「看護師さん，あなた医療モデルにこだわりすぎていない？」と言えるか。「そのことを生活モデルに置きかえると，こういうことよ」というように，具体的な例をもって示してあげられるか。そして，この中の位置づけで，介護職たちに，「力強いパートナー

LECTURE 2
生活モデルを正しく理解しよう。

として看護があるのだ。決してあなたたちをおとしめたり脅すために彼女たちはいるのではないのだ。この看護と介護が本気で組めば、このフロアは大きく変わるよ」というビジョンをリーダーが示すことができるか。それがなければ、相変わらずもめ事は続きます。

　私は、看護と介護の深き信頼関係は、ターミナルケアで学ぶことができると思っています。私は一度ご縁のあった利用者の方については、ご本人・ご家族が望まれるのであれば、最期まで見届けたいのです。これからのユニットケアにしろ、グループホームにしろ、ターミナルケアをしないと腐っていくでしょう。看護と介護の真なるチームワークをお年寄りがつくってくれるということも含めて、もし看護と介護がいつまでももめているのであれば、解決する一つの視点として、ターミナルケアをきちんとやるということをお勧めします。これがお年寄りの力を借りて現場のベースをつくっていく、非常に重要なことではないかと思います。

LECTURE 3

人づくりの基本1
職員の気づきを深めよう。

誰でもできることを引き出す　1

　「誰でもできることを引き出す」という時の「誰でも」というのは「職員の誰でも」ということです。まず職員をどうアセスメントするか。具体的に言うと，ケアとは何かということなのですが，ケアというのは「気づく・心配する・考える・行う」という4つの因子がそろって初めて成り立つということを踏まえて，介護職員として必要な資質を考えます。

　4つの因子の中の1つである「気づく」とは「観察」という意味です。しかしその観察も，例えば理科の観察のように，アサガオが種をまいて何日たったら双葉が出て，何日後に花が咲いたというような，あくまでも対象物として見る観察ではなく，むしろ国語の作文のように，おじいちゃんからもらった大事なアサガオの種があって，おじいちゃんは死んでしまったけれども，おじいちゃんと一緒にまくはずだった種を僕一人で土を集めてまきました。そして双葉が出たその姿は，まるでおじいちゃんと僕のようだと思った，そして明日は花が咲くだろうと思って早起きしようと思ったら寝過ごしてしまって，とても悔しくて涙が出た，というように，事象に自分自身を投影していく観察だ

人づくりの基本1：職員の気づきを深めよう。

ということです。

2つ目の「心配する」とは心を配ること，つまり興味と関心を持つということです。

3つ目の「考える」とは「そうぞうする」ということです。この「そうぞう」には漢字が2つあります。イマジネーションするという意味の「想像」と，クリエイトするという意味の「創造」です。

4つ目の「行う」とは自発的な実践です。「私が行う」ということです。例えば，同じおむつ交換という行為であったとしても，このおばあちゃんのお尻がさぞかし気持ち悪いだろうと思って，このおばあちゃんのおむつ交換をしないと私が気持ち悪いのだと思って，"私がやる"ということなのです。それがノルマだから，できればほかの人にやってもらいたいのだが，言われたからやる，というのは「行う」ではないのです。

そして，この4つは誰でも持っている資質なのです。この誰でも持っている資質を認めて引き出す。そしてさらに重要なのは，「私が気づく」「私が心配する」「私が考える」「私が行う」ということです。これがケアの成立因子ということになるわけです。

つまり，誰でも持っている資質を認めて引き出すということを，リーダーシップを発揮する場面でどのように表現するかというと，あなたがここにいるという

ことが大事なのだ、あなた自身であるということが大切なのだ、ということになります。それを直属の上司であるリーダーがきちんと示すということがとても重要になるのです。

　少し具体的な例を用いて説明させていただきます。新人がお年寄りの顔と名前を覚えるのに一生懸命、業務の流れを覚えるのに一生懸命で、同期には夜勤を任せられる職員もいれば、まだ任せられないなと思う職員もいる、そんな時期です。新人はこのような発言をするかと思います。

「お年寄りは一日中寝てばかりで退屈じゃないのかな」

　この時に皆さんに示していただきたいのは「良いところに気がついたね」というように「気づいた」ということをきちんと認めるという態度です。まずはこのことが重要です。つまり「気づいた私に、気づいた人がいる」ということです。そのことで、新人は初めて自分の気づきを自覚することができるのです。

　ただし、気づいたことに対して「では、日中離床を計画的にやって、日中の活動をプランニングしなさい」とか言うと、もう新人は逃げてしまいます。そのようなことは言わないでください。「一日中寝てばかりでは退屈だよね」と新人が言ったら、こういうやりとりをしてみてください。

「そうだねえ。良いところに気がついたね。あなた

人づくりの基本1：職員の気づきを深めよう。

は暇な時にはどうしてるの？　何の予定もない休みの日なんて退屈だよね，その時はどうするの？」

「友達にケータイかけたり，ドライブしたり」

「お年寄りは携帯電話も持っていないし，車も持っていないね」

人は退屈な時には人とのつながりを確認したがるということです。携帯電話をかけるということは，誰か同じように暇を持て余していて付き合ってくれる人いないかなと人とのつながりを求めているのです。ドライブするということは，どこかに居場所を変えてみたいと思うわけです。お年寄りも同じです。私たちはその方が「こういうことをやってみたい」と思ってもそれができない時にサポートするのが仕事です。

「じゃあ，お年寄りにとってのケータイとかドライブとは何なのかと考えてみると，おもしろいかもしれないね」と刺激します。

繰り返しますが，この時点で，業務改善とかサービスプラン作成とかまで追い詰めないことです。「おもしろいことに気がついたね。へえ，そういうことを思うんだ。で，あなただったらそれはどういうことなの？」というように，気づきを深めるという程度で十分かと思います。

新人たちも経験を1年から3年くらい積みますと，少し視野も変わってきます。

おむつ外しにまだ取り組んでいない施設では「おむつは気持ち悪いし歩きにくいよね」と思います。
　次に，おむつ外しがきちんとでき上がりますと，夜勤の排泄誘導は本当に重要になりますので，「どうして夜中におしっこがしたくなるのだろう」と思います。
　また，機械浴などの体験を通して「人から裸を見られるのって，嫌じゃないかな」とも思います。
　ここでも「とても良いことに気がついたね」と言ってください。「いろいろなことが見えてきたね」ということを，まずきちんと受け止めてあげてくださいね。
　さて，新人が「この方がどうしておむつを付けるようになったのか」ということに興味を持ったわけですから，「では，この人は歩けているけど，尿意や便意はあるの？　ないの？　尿意や便意はどのような時になくなるの？　尿意や便意がなくなったわけではないのだね。じゃあ本人が尿意や便意を伝えても無駄だと思ったのかな。おむつを付けていた方が安心だと思うのかな，なぜおむつを付けていた方が安心だと思うようになったのかな」ということを考えます。
　どうしてこの人がおむつを付けているのだろうと考えることが，本人自身の問題点にとどまらず，本人を取り巻く環境にまで視野を広げるということです。本人だけに注目して本人の問題点だけを並べ立てるのではなく，生活障害としての周辺環境に視野を広げる

人づくりの基本1：職員の気づきを深めよう。

きっかけを皆さんがつくってあげればと思います。

「どうして夜におしっこをしたくなるのだろう」という問いには「確かに夜勤は大変だね，どんどんトイレに連れていかなければいけないからね。でも，おしっこがしたいから夜目が覚めるのだろうかね。目が覚めるからおしっこをするのだろうかね。どっちだろうね」と返してみます。ここでは，自分が気がついたことも，視点を変えてみるとこのように広がりが持てるということを示します。問題の解決は，目の前の出来事のみにとらわれるだけでは達成は難しいが，視点を広げることによって，見方や考え方が深まるのだということをリーダーである皆さんが示していただきたいということなのです。

そうすると，力のある職員はそのことを言葉で表現したいと考えます。また，業務でそれを具現したいという欲求が生まれてきます。見えてきたからです。わかったような気がするからです。それを実際に仮説として，お年寄りへのケアとして挑戦していこうと思う道筋を皆さんがつくるのです。それがサービスプランと業務改善のきっかけです。自分の気づきに具体的な発展性がある，可能性があるということを，リーダーである皆さんが具体的に示すことが，職員育成の大きなきっかけになるということなのです。

さて，職員もさらに経験が長くなると，「家族はど

うでもいいと思っているのかな。自分の親でしょう？洗濯物だけ取りに来て，さっさと帰って。支払いの時だけ来て何の話もしやしない」というようなことを言います。

　「いや本当だね，家族なのにね。家族なのに本当に話をしたくないのかな。ご家族は面会に来られたのだよね。ところであなたは病院とかに面会にいったことある？」と聞くと，友人が盲腸の時とか，知人が赤ちゃんを出産した時，などと答えます。そこで「私たちが面会に行く場面というのは，必ず病気が良くなる，必ず家に戻ってくる，そうしたらまた一緒に頑張ろうね，ということが明るく励ましとなる，そういう場面だよね。でも，お年寄りは5年，10年と施設にいたり，長い間病気と闘っていたりしていて，『早く良くなって』とか『早く家に戻って』というような明るい会話が成立しにくくなっているのだよね。もしかするともう，何を話していいのかわからないのかもしれない。話したくないのではなくて，何を話していいのかもうわからなくなってしまったのかもしれないよ。だったら私たちはどうする？」と返します。

　すると，「今度の夏祭りにはちゃんと声かけして，ご家族が楽しく参加できるような雰囲気をつくっていきたいよね」とか「面会にいらっしゃった時にくつろげる場所をつくってお茶を出して」というような考え

人づくりの基本1：職員の気づきを深めよう。

が出てきます。「フロアのエレベーターのドアが開いた時に，とにかくどなたでも，姿を見たらこちらから『いらっしゃい』とか『こんにちは』とまず声をかけてみようよ。そしてお年寄りの良いことをいっぱいいっぱいお伝えしようよ」という案も出てきます。

さらにちょっと図々しいベテランになりますと，このようなことを言います。

「大体何が楽しくて生きているのだろう。私だったら死ぬね」

何を言うかと口を押さえたくなりますけれど，言われているお年寄りを見ると，寝たきりヘアというのでしょうか，孔雀のような寝グセをつけられて，軽眠レベルで「うー」とか「はー」とかうめき声のような声しか出せません。痰や血液で口唇はくっついていて，無理に開けるとだらーと粘液が出てくるというような状態です。穴という穴にはチューブが入っており，関節は固まり，突起したところにはほとんど床ずれができている状態です。痛ましいといえば痛ましい姿かもしれません。しかし「何てこと言うのよ，あなたは」なんて言いません。「そうだね，本当にね」と返します。「老いるとか年を取るとかって，本当に何なのだろうと思っちゃうよね」と。

「でも，この人は生きているよ。息を吸って吐いているでしょう？　おしっこやうんこをしているでしょ

う？　お風呂に入れなくても清拭をしなくてはいけないのは，この人が生きているからでしょう？　あなただったら死ぬと言わせたこの状況において，この人は生きているよ」ということなのです。

　私たちはお年寄りを弱い存在だと規定しがちですが，ベテランの介護者をして「私だったら死ぬ」と言わせたこの環境において，なおこのお年寄りは生きている。もしかしたらこの方は強い人なのかもしれない。生きていこうという意欲の強い人なのかもしれない。ならばその生きていこうという意欲をきちんと見つめて，引き出していくことが私たちの仕事であり，そのことを引き出せていないのなら，私たちが未熟なのかもしれないよ，ということなのです。

　このように，職員が見たり聞いたりしたことを，素朴に率直に表現した場合，その時には決して否定をしないということです。まず受け止めるということです。このことが重要です。

　お年寄りは臭くて，汚くて，煩わしいものなのですよ。というよりも，そもそも人間というものが臭くて，汚くて，煩わしいものなのでしょう。その臭いとか，汚いとか，手煩いするということをきっかけに職員が発言した時に「専門職たる者，何ということを言うのですか」というようなことは言わない。「臭いね，汚いね，本当にやかましいね，煩わしいね。だからそれ

人づくりの基本1:職員の気づきを深めよう。

で,何が臭いの? 汚いの? 煩わしいの? だから私たちはどうするの?」ということを考えさせるわけです。

この臭い,汚い,煩わしいという思いを,頭ごなしに否定されてしまいますと,その職員は自分の素朴な有り様を最初から否定された状態になります。あるがままの自分を否定されたということは,いわば差別を受けたということです。そして,いったん差別を受けた人間は,内罰的になりがちです。そうすると,自分より弱い立場の者に,さらに強く差別をするようになります。その端的な例が新人いじめになってくるわけです。そして深刻なのは,利用者の家族に対しても威圧的な態度をとってしまうことがあるということです。

「どうして外泊させないのですか? どうして息子さんなのにお引き取りをされないのですか? 親子でしょう?」というようなことを,直接に言わなくても,言葉の端々でちくちくと,嫌みたらしくいうようなことを,その職員はやり始めます。自分が自分に対して内罰的だからです。その反動として家族をいわゆる弱い立場に追いやって,差別的な態度をとり,家族を威圧します。こんな状況では家族指導など,あったものではないですね。

家族は,一瞬ではありますが,「自分の親が早く死んでくれればいいのにな」と思います。「何でこの人

が、こんな状態でここまで長生きするんだろうか。いつまでおれを苦しめるのだろうか」と、家族はふと思います。そしてその思いを、例えば施設の職員に対する異様な菓子折りの数や、へりくだりの態度で何とか払拭しようとしたり、または反対にとりつかれたかのようなクレームを繰り返し言ったりします。これは、自分自身が親に対して子どもとしての役割を果たしていないのではないか、という葛藤を何とか乗り切ろうとする一つの態度なのです。しかるべき家族ケアが行われないその果ては、極端な無関心になっていくわけです。

　私たちは家族に対して、「大変でしたね」という共感からスタートします。私たちは交代制で、仲間がいて、この広さがあって、何かあれば人が呼べる状態です。しかし家族は、一つ屋根の下で、いざという時、頼れる仲間も交代できる要員もないまま世話をし続けたのです。そのことを私たちは「大変でしたね」と共感する。そこからしか家族指導はあり得ません。

　だから、お年寄りを臭い、汚い、手煩いと思ってはならないなどと言わなくてよいのです。うんこは臭いし、よだれは嫌だし、ナースコールが何度も鳴ればもういらいらして、「どうしてばあさん、今コール押すのよ」と思うわけです。だからそのことを否定しない。「ある、ある。あるよね」と受け止めるのです。その

LECTURE3
人づくりの基本1：職員の気づきを深めよう。

気持ちは，ご家族がこの人さえいなければと思ってしまう気持ちと共通性を持ちます。だからご家族に私たちは伝えることができるのです。「この人さえいなければよい，と思うくらい，お母さまやお父さまの存在を，強くあなたは思われているのですね」と。

親の存在を強く感じているからこそ，それが結果的に煩わしさになっていくというのは，存在を認めているということなのです。思いが強いから煩わしさにまで転化してくる。何のやる気もない職員は，ナースコールが鳴ろうが，廊下の方で叫び声があろうが，よろよろしたおばあちゃんが歩き始めようが，何とも思いはしない。存在を認めていないからです。存在を認めているからこそ，いらいらするわけですから。

このような家族のいらいらの根拠はどこにあるのかということを，私たちは，他人以上身内未満というスタンスの中で読み取ることができます。親子だからこそ読み取りきれなかったものを，私たち第三者を得ることによって新しい視点が加わり，関係修復に役立つことができるのです。それが，家族指導の場面における看護・介護職の役割の一端なのです。

ですから，あらかじめ自分が否定されている職員は，家族との共感が得られにくいということになります。それゆえに，まず職員が素朴に気づいたこと，または心配したことを，皆さん自身が気づく，そして思

いやるということ。このことによって，職員の気づきは，想像から創造そして自発的実践へ展開していくのです。

ちょっと寄り道

デイサービスのお便り帳

　時折，家族に対して利用者の悪いところばかりを報告する職員がいます。「いや，気にされなくてもいいのですけれども，きのうは失禁4回で，いや，どうということはないのですけれども，洗濯物はこんな量になりました」と嫌みたらたらですね。

　このパターンで気掛かりなのは，デイサービスの職員のお便り帳です。お便り帳には利用者の良いことだけ書くのですよ。痴呆のお年寄りがどれだけ人気者になったか，頑固親父がどれだけ私たちの希望の星であるのか，ということを，こんなに楽しい親父は見たことがない，私はこの親父に会えるのが嬉しくてたまらない，ということを，そのご家族の趣に合わせて書くのがお便り帳ですから。

　確かに事故とか体調変化については客観的で正確な事項を書かなければなりません。しかし，ご家族のほとんどは，自分の親を他人に預ける，人さまに

人づくりの基本1：職員の気づきを深めよう。

渡すということに対して，大なり小なり抵抗感があるわけです。そこに皆さんが，「こんなお年寄りに出会わせてくれてありがとう」のように，良いところを山ほど書いて，その職員からの言葉を見て初めてこのご家族はこのサービスの選択は誤りではなかったと安心されるわけです。

施設の面会も同じです。話したくなくて，話さないわけではない，話してみようというきっかけを，良いところばかりの報告からつくっていきたいと職員が思うかどうかということなのです。面会の意味ということやお便り帳の意味などを，ぜひ職員に伝えておいてください。

2 痴呆性高齢者へのかかわりからコミュニケーションを学ぶ

痴呆性高齢者の問題行動といわれる行為は，いわばコミュニケーションの挑みです。意味，価値，言語の異なるといわれる痴呆性老人が，私たち職員に「おまえたち，まだわからんか」という思いでコミュニケーションの挑みを仕掛けてきている，それが「問題行動」になるわけです。

問題行動という言葉自体が問題で，今は行動障害な

どと言われていますけれども、要するに痴呆性高齢者は「私が伝えたいこと、私がやりたいことがまだわからないのか」ということを、この問題行動と呼ばれる特徴ある行動で私たちに伝えようとしているのです。

　例えば、のべつ幕なしに「鳩ぽっぽ」を歌うおばあさんがいる。これはコミュニケーションの挑みですから、職員には反応が出てきます。プラスの反応とマイナスの反応です。プラスの反応は「これがあるから、ばあちゃんだ」という反応です。夜中の「鳩ぽっぽ」を聞いて「さあ今日の夜勤もあともうひとふんばりだ」と思うのです。朝からの晴れやかな「鳩ぽっぽ」を聞いて「今日も頑張ってベッドメーキングするぞ」と思うのです。いわゆる問題行動というか、その特徴ある行動に出会って、私たちの方が思わず笑顔になる、嬉しくなる、元気になる、これはプラスの反応です。この時に、私たちがやるべきことは清潔と安全の保持だけです。例えば、裸足で歩き回りたい人がいれば、廊下を掃除して危ないものを取り除いておけばいいのです。居室を1部屋1部屋訪ねて回るおばあちゃんがいます。そして、それを嫌がるおばあさんがいます。大抵はショートステイに入っているやかましもののおばあさんです。その場合は、その歩き回るおばあさんの部屋に鍵はかけません。文句を言っているやかましもののおばあさんの部屋の内側に鍵をかけるので

人づくりの基本1：職員の気づきを深めよう。

す。もちろんここでいう鍵というのは，使用する主体がかけたり外したりできるもののことです。

　夜中に一晩中，「鳩ぽっぽ」を歌うおばあさんに対しては，第2号被保険者あたりの利用者さんが「やかましい」と詰め所まで来て文句を言います。「あのばあさん，どうにかしてください」と。その文句を言いに来た人は，目的意識がはっきりして活動性が高いのだから，その人に眠り薬をちょいと入れます。「鳩ぽっぽ」を歌うばあさんに眠り薬を入れるのではありません。これが問題行動のプラスの反応を私たちが得た時です。

　マイナスの反応が出た時には「どうしておばあちゃんそんなことをするの」「今そんなことをしなくてもいいじゃないの」というように，胸をかきむしられるような思いがします。同じ「鳩ぽっぽ」を聞いても「こんなに切ない『鳩ぽっぽ』があるの？」と思うのです。

　そのような時に私たちが最初にするのは体調確認です。まずは便秘です。次が脱水症状です。そして，思わぬ外傷・打撲などです。さらに経験上思うのですが，要注意なのは歯です。痴呆の方はなかなか口を開けてくださいませんので，ようやく開けてくれた時にしっかり観察すると「ああ，こんなになっていたのか」と思うことがあります。歯周病で歯茎がすごく赤く腫れ上がっていたりしていて，申し訳なかったなと思い

ます。それと目の病気ですね。白内障で徐々に視力が落ちていたり、眼圧が上がって緑内障の症状がでていたりすることがあります。それと耳の中です。そして、そういう確認をしても身体的な問題が一切ないとなれば、いよいよ看護・介護職の本格的な出番なのです。

実際、体調不良でも何でもないのです。本当に切ない思いを、コミュニケーションの挑みとして、問題行動として表出されたのです。ならば、いったい何を私たちに挑みかけているのかという読み取り、ここからしか痴呆性老人のケアはあり得ません。

では、痴呆性老人のケアの基盤とは何なのかと言いますと、これも職員が率直に語るということからしかスタートしません。「頭にきて、しようがないのよね」とか「憎たらしいくらいに思ってしまう」とか、中には「何か嫌でたまんない、近づけない」という職員もいます。逆に「私、全然気にならない」という職員もいます。「すげえ、楽しかったよ」という職員もいます。同じ老人の同じ行動なのにどうしてこんなにとらえ方が違うのだろう。ここを考えるところに痴呆性老人のケアの在り方が見えてきます。プラスであろうとマイナスであろうと、そのお年寄りの行動に出会った時に介護者としてどう感じたか。介護者としてどうお応えしていきたいのかということを、職員自身が「こんなことを言っていいのだろうか」という縛りのない

人づくりの基本1：職員の気づきを深めよう。

ところで，自己解体的に語ることができるところ，そこからしか痴呆性老人のケアはスタートしないのです。

ですから，その基盤をつくるためにも，誰でもできることをちゃんと引き出し，まずあなた自身でよいのだということを，つまりは，部下の一人ひとりを認めいただきたいということです。

中間管理職に問われているのは，部下の専門性を高めるとか，意識の統一を図るということではなく，まずは誰でもできることを認めること。そしてそのことを集団化，組織化していくということ。ここに中間管理職のマネジメント能力が求められるのだということです。つまり，介護者本人自身の個の存在が認められていない状況で，何の専門性なのかということです。まずあなた自身であるということが大切なのだということを，ぜひ部下と呼ばれるチームメイトの一人ひとりに，皆さん自身が具体的に，業務の現場で伝えていただきたいと思います。

3 職員の主体性と個性を引き出す

日常業務というのは，お年寄りと職員がより近づけるシステムを持たなければいけません。そして，その

ようなシステムの中でお年寄りと職員が近づき「気になってしようがない」「大好きな」「どうしてもあのじいちゃんでないと嫌なのだ」というような「私のこの人」という老人に職員が巡り合います。このことを業務改善の中で目指していくわけです。なぜかと言うと，老人ケアにおいて最も価値があるのはお年寄りの主体性と個性そのものだからです。そして主体性と個性というのは，たった一人では引き出すことはできないのです。

　無人島に一人でいるような状況では，気が長いも短いもないわけです。人に囲まれているから，気が長いとか短いとか，明るいとか暗いとかの個別性があるわけで，人との出会いがなければ個性の発揮や主体性の表出はあり得ないのです。

　介護現場には原則があります。相手の笑顔が欲しいと思えば自らの笑顔が先に必要。相手の信頼を得ようと思えば，自らが相手を信じていくということです。これは介護現場にかかわらず，人が暮らしていく上の原則と言っていいかもしれません。

　老人ケアの現場ではお年寄りの主体性と個性が欲しいと言いました。必要なのは職員の主体性と個性です。では，職員の主体性と個性は誰が見出し，育んでくれるのか。それは，お年寄りとの巡り合いだけです。お年寄りと巡り合うこと以外，職員の主体性と個性は引

人づくりの基本1：職員の気づきを深めよう。

き出すすべはない。だから私たちは，職員とお年寄りが巡り合うためのシステムを懸命につくり上げようとします。それが業務改善です。そしてこのシステムをつくり上げる時に，客観的に優れた管理と主観的に優れた介護という2つの要素が必須となってくるのです。

　客観的に優れた管理の要素としては，労務，防災，行政対応などがあります。例えば，行政対応というのは，監査や警察・税務署におびえる必要のない対応，防災対応というのは，出火の発生におびえなくても済む対応，労務というのは雇用条件の周知です。このどれに不備があっても職員は気が気ではなく，お年寄りに集中できません。

　主観的に優れた介護とは，日常と非日常をきちんとつくり上げていきましょうということです。日常というのは日常業務のことで，つまり食事・排泄・入浴を繰り返す毎日のことです。特別思い出になることもなく，平凡に過ぎてゆく日々の営みです。それをこつこつとつくり上げていく。そしてこの揺るぎのないたおやかな日常を共につくり上げた者同士だけが迎えることのできる，喜びや悲しみや緊張を伴ったかけがえのない日，忘れられない日をつくり上げていきます。それが非日常となっていきます。この日常と非日常のつくり上げが，生活支援の一つのスタイルになってくるわけです。

4 民族大移動型ケアと放牧型ケアの悲哀

　職員の個性を引き出そうとするなら，職員が日常業務を繰り返せば繰り返すほど，お年寄りに近づくというシステムをつくっていかなければなりません。仕事をすればするほど老人は数や量となり，職員と老人が遠ざかるというようなシステムにしてはいけないのです。

　例えば，食事の時間になると職員が突然のように動き出して，車いすを右手に1台，左手に1台と同時に2台じゃんじゃん運びつつ，歩行ができて車いすを押せるおばあさんには「この人押しといて」と言ってお手伝いを要請し，その間に歩ける痴呆のおじいさんには「こっち，こっち」と大声で誘導し，1人で5人くらいをまとめて食堂に連れていきます。まるで避難訓練のようです。そして机にお年寄りを車いすごと差し込んで，配膳車が汽車のようにやってくると，脱兎のように群れたかり，プレートをさながら手裏剣のように，シュッシュッシュッと配膳する。そして時間がくると，職員が机の間を狩人の目つきで徘徊し，ちょっとでも空いたプレートがあると，音もなくすっと引き上げる。この作業のどこにお年寄りと職員が近づけるシステムがあるのでしょう。

人づくりの基本1：職員の気づきを深めよう。

　おむつ台車というのでしょうか，おしめ列車とも言いますが，あらゆる機能を持ったあの台車をがたがたと押しながら，1号室から13号室までぐるりと回って，さらにもう1回ぐるりと回って，汗拭きながらふと夜空を見上げて「来年の今頃も，こんなことをやっているのか……」と思うわけです。

　「廊下に出てはだめ，今日は風呂の日なのだからじっとして，部屋にいて」と言いながら，「はい，連れてきて，連れてきて，それ，脱がせて，脱がせて，さあ，洗って，洗って」と，ジャンジャンバリバリ，ジャンジャンバリバリ，ドンドコドンドコ，数をこなします。

　この作業のどこに，お年寄りと職員の巡り合いがあるのでしょうか。

　これが，民族大移動型ケアというものです。同じ時間，同じ場所にお年寄りと職員がドドーッとやってきて，ドドーッと立ち去るタイプのケアの方法です。

　最近は，放牧型ケアというのもあります。放牧というのは，広大な青空と白い雲の下に広がる緑の大平原に，牛や羊が草を食むイメージです。食べ物はいっぱいある。時々，メェーとかモォーとか鳴き声が聞こえる。すると羊飼いがプーと笛を吹く。牛や羊は笛の音に導かれ，牛舎に向かって歩き出す。列を乱すものがいれば，犬がワンワンとほえる。こういう感じです。

静かなフロアのきれいなテーブルにお年寄りが行儀よく並べられて、黙って穏やかに座っています。カーペットも、カーテンも立派です。使っている食器も、それはそれは、きれいなものなのです。そこにお年寄りを全員並べ立てて、音楽が流れていて、適当に風呂と排泄のために引き抜いていくというものです。よくお年寄りがエコノミー症候群にならないなと思います。何せ一日中座りっぱなしなのですから。これを放牧型ケアと呼んでいます。

5 "作業"を"ケア"に変えていくシステムをつくろう

　管理と介護が両輪のように機能しなければ、職員が老人に心身共に近づけるシステムをつくり上げることはできません。そのシステムの構築は業務改善という形で展開し、その過程で「私のこの人」という老人に職員が巡り合うのです。

　そうなれば、悪い所を見つけ出すという視点でアセスメントをし、抽出された問題に、何らかのアプローチをするというのではなく、「この人が好きだから、この人と一緒にいて、この人と何かをしたい」というように職員は思います。この思いを仕事にせずして何

人づくりの基本1：職員の気づきを深めよう。

を仕事にするのだということを、リーダーは気構えとして持ちます。これを得たいがためにずっとシステムの見直しをしてきたのですから。

　「私、あのおばあちゃんのことがとても心配。大好き」という職員の気持ちを大切にして、それを仕事にしようではないかということなのです。これが作業を超えた「ケアの本質」が仕事となる瞬間です。それをプランニングして展開していくのです。

　この思いをプランニングをする時には、前述したとおり、問題志向型よりも、目標志向型の方が有効です。問題志向型とは、観察をし、問題点を抽出して、その問題点に対して解決的実践を行い、その結果がどうなったかということを評価する方法です。お医者さんが診断する、看護師さんが看護観察をする、PT（理学療法士）、OT（作業療法士）がリハビリ評価をするというものです。この場合に抽出される問題点としては、肺炎か肺がんか、発熱か脱水か、どんな歩行障害なのか、などであり、解決的実践としては治療や処置、訓練となります。その結果として疾患が治癒した、症状が緩解した、障害を克服した、ということになります。先に申し上げた医療モデルです。

　私たち生活支援の視点は「食べられないから食べられるようにしよう」ということではありません。「おいしいものを、おいしく食べたいと思っているので、

そのことにお応えしようではないか」という視点です。

　食べることができないから食べられるようにする，という思考に決定的に抜けているのは「何のために」です。「何のために」というのは，「大好きだったものを食べたいからさ」「昔行っていたあのそば屋にもう一回行きたいからさ」「息子と一緒に食べたいからさ」ということです。それが「ニーズに応える」ということです。

　食べる，という行為を例えば，生存の欲求として栄養・水分の補給を満たしてから，自己実現の欲求へと進めるという考え方がありますが，その順序でいったらお年寄りには間に合わないのです。大事なのは，何のために食べるの，何のために風呂に入るの，何のためにお手洗いに行くの，ということ。この「何のために」ということがあらかじめ失われているのに「自分で食べるようになりなさい」という表層的な自立だけを強調しますと，それはもはやお年寄りへの調教となってしまいます。

　このようなことを繰り返すと，介護の仕事が作業になります。そのような仕事がつらいと職員たちは言っているのです。そうではなくて，このお年寄りに巡り合うためのシステムがあり，巡り合ったお年寄りへの思いが仕事になる職場にいること，そのことが職員たちの"作業"を"ケア"へと変えていくということなのです。

LECTURE 3

人づくりの基本1：職員の気づきを深めよう。

6

ケア指針策定の最終決定は現場が行う

　施設に行くと，設立理念として「優しい心と明るい笑顔」というような文言が玄関に張り出されていることがあります。しかし実際に現場に入ると「何やってんの，そこ！」「さっきも言ったでしょうに。まだやってんの！」と怒号が飛び交っています。職員の目がつり上がっているので「おいおい，明るい笑顔はどこにいったんだよ」と思いつつ声をかけますと，皆さん口々にこんなことを言い出します。

　「冗談じゃないわよ。産休が1人，昼からまた授業参観で1人抜けんの。この調子だと明日は風邪引き休みが多数出るんじゃないかしらね！」

　「今，うちの施設では突発性妊娠がはやってんの」

　「もう私なんか親類縁者皆死に絶えて，後は自分の葬式くらいしかないのよ」

　「いつもいつも優しい心と笑顔でいてほしいのならお金と人をくれ。そうすれば私はいつでも優しい心と笑顔でいるよ。こんな女に誰がした……」

　いやあ，大変です。

　まずは「お金と人」があれば，笑顔が戻るようです。というわけで理事長にその旨伝えますと，理事長は大

抵こうおっしゃいます。

「人員は運営基準どおり，給料だって他施設と同等またはそれ以上に設定してある。近隣の施設と比べればうちは良い方だ」

はあ，そうですか，でもね，けどね，とさらに突っ込めば，

「そもそも介護保険の制度そのものが……，厚生労働省の姿勢が……，町行政も現場を理解していなくて……」

すたこら逃げていきました。

これが，現場のリアリティが表層的な理念を押し切る瞬間です。理念の具現について，現実的にかつ日常的に議論も実践もなされていない職場では，職員は理念の張り紙を見るたびに，あるいは理念を唱和するたびに「言っていることとやっていることが違いますよ」ということを職員同士で確認するという，とても虚しい作業をしなければならなくなるのです。

では，この言っていることとやっていることが違う職場という現実をどう受け止めるか。

理事長が本気で取り合ってくれない現状で，この責任は私にあるのだとまじめな中間管理職は自分を追い込むように思いつめます。しかし，中間管理職の1人や2人がその施設理念についてあくせくしても，根本的な解決にはほど遠い。ではどうするか。その中間管

人づくりの基本1：職員の気づきを深めよう。

理職が次に手を打つのが掃除と接遇です。せめて見てくれだけでもと思うのか，そこにこだわり始めます。しかし，どんなに丁寧に掃除をしても，どんなに繰り返しあいさつをしても，その施設が人が人としてあるということを認め合えるような環境になくては掃除もあいさつも意味がないのだということを，やればやるほど言っている本人こそが痛感していくのです。

ではどうすればいいのか。これが「最終決定は現場が行う」というところなのです。まず，最初は，設立理念について確認をします。設立理念が間違っている施設はまずありません。次にケアの原則を確認します。ケアの原則は業務の原則ですから，まずは寝たきりにさせないことを原則とします。そうすれば，寝たまま食べない，寝たまま排泄しない，寝たまま風呂に入らない，ということが業務になります。これを行わなければ業務怠慢です。これ以外のことを行えば，業務逸脱で時には処罰の対象になります。そのあたりをきちんと整理してください。

2番目は，生活習慣を大切にすることを原則とします。その人を大切にするということは，その人の生活習慣を大切にするということです。

そして3番目の原則は，主体性と個別性を引き出すことです。私のお風呂，私のお手洗い，私のご飯ということが重要なのだということです。

そして，自施設のケア指針の具体を明確にする。「介護保険施設○○における食事ケアとは何か」という感じです。皆さんの施設の名前を冠にしたケアの指針です。施設名って「ひまわり」とか「のぞみ」という優しく明るい印象の言葉が使われることが多いですよね。ちなみに施設名も，施設理念を具現化したものの一つです。「介護老人保健施設・逆恨み」とか，「特別養護老人ホーム・あとの祭り」というような名前の施設はあまり見かけませんものね。

　というわけで，あなたの施設のケア指針としては，「介護保険施設○○における入浴ケアは，あごまでお湯に浸かってさっぱりしてもらうことです」というような日常の言葉で誰にでもわかるように表現すればいいのです。大切なのは理念に沿って，現場の職員が話し合って，自分たちの言葉で決定するということです。

7 ケアする人をケアする視点も

　最終決定と実施はあなたたち自身だということは，責任を現場に押し付けるということではありません。現場を信じ切るということです。どのような結果となっても職員を信じ，受け入れる。仮に事故などの悪

人づくりの基本1：職員の気づきを深めよう。

い展開があったとしても，そこに老人と職員がいたかどうかを見極めていく。その時々の意味づけや構図説明や評価根拠を，直属上司たるリーダーが持っているかということが特に重要になっていきます。

　職員は，「何をやっているのだかわからない。あれでよかったのかな」と思っています。老人と自分（職員）の間で行われたことはいったい何だったんだろう，ケアとしてどんな意味があったんだろう，ということがわかりにくいのです。なぜなら，彼らはケアの当事者だからです。それに対して中間管理職が「勝手なことばっかりやって。私は聞いていませんからね」という態度を取るのは最悪だということなのです。

　このことは，在宅ではすでに整理されています。例えば，80歳のおじいさんがいて，30歳の孫嫁さんがいたとします。同居することになったきっかけは，このおじいさんが障害を持ったからです。では，同居になぜこの孫嫁が選ばれたかというと，女だったから，夫が承諾したから，仕事をしていなかったから，若かったから，です。親せき中から「皆であなたを応援するからね」などと言われて同居が始まりました。そうすると，思ってもみなかったことが次々起こりました。「こんなはずじゃなかった」と彼女は大変いらいらしました。周辺の者が見るに見かねてホームヘルパーに声をかけます。ホームヘルパーが家にやってきまし

た。家の中は惨たんたる状況です。非常に不潔です。介護方法も悪い。しかしホームヘルパーは、そこで指摘をしたり、指示をしたり、よもや叱責を行うようなことはしません。誰にでもできる当たり前のことを、淡々とそこで繰り返すのみです。

　誰にでもできることというと、何だか技術的にレベルが低いように聞こえますが、決してそうではありません。プロのホームヘルパーは10軒の家に行ったら10通りのタオル畳みをします。なぜなら、その家の人がしてもらいたい方法でするからです。食器の洗い方からタオルの畳み方からすべてです。体の不自由なおばあさんが縁側から外を見た時に、おばあさんが気に入ったとおりに洗濯物を干してあるというのがプロのホームヘルパーなのです。

　つまり、誰にでもできる当たり前のことをホームヘルパーが黙々と繰り返すということは、その孫嫁に対して「私はおじいさんとあなたがこの屋根の下に暮らしているということ、そのことを大切に思っている。そういう私がいることに気づいてね」というメッセージです。

　そして、その後ろ姿を見て孫嫁が「ああ、この人なら聞いてもらえるかもしれない」と思って、本当のニーズを語り始める。"ヘルパーは愚痴られてなんぼ"という由縁がここにあります。ここからいよいよ

人づくりの基本1：職員の気づきを深めよう。

本格的に展開するのです。

　なぜホームヘルパーはそのようなことをするかと言いますと，おじいさん自身に対する直接的ケアは確かに大切なことですが，それと同じく，あるいはそれ以上に大切なのは，常日頃おじいさんのケアを直接に担当している孫嫁のケアだということを知っているからです。

　在宅では，すでに整理されていることが，なぜ施設でできないのでしょう。

　職員はケアをする人です。このケアする人をケアするのは誰なのか，ということをリーダーが自覚しているかどうかということが，ケアの質向上に多大に影響するということなのです。

　現場の職員は理路整然とケアの状況を報告することはできない。本人たちはケアの意味や構図がわからない。なぜならケアの当事者だからです。自分の切なさややるせなさを自分で気づき，説明するほどに，職員たちは自分を客観視することはできません。当事者だからです。

　人のやるせなさや切なさという目に見えないものを見ようとするのが介護の基本です。私たちはこれから，目の見えない，耳の聞こえない，あらゆることに不自由なお年寄りの切なさややるせなさに思いをはせて仕事をしなければいけません。そういう目に見えな

い，物差しで測れないものの存在は，そのことに思いをはせる他者がいて初めて表出されるのです。

「これじゃ，じいちゃん，気持ち悪いだろうな。やりきれないだろうな。切ないだろうな」と思いをはせる職員がいて，初めて成立するということです。

ならば，職員自身が自分自身のやるせなさや切なさに気づいた人がいてそのことを心配し，考えた人から，ケアを受けたという体験をしていなければ，その職員は他者に思いをはせるということの意味がわかりません。つまり，他者のケアはできないということなのです。

そして「これが切ないということか」ということを，生活支援の場における言葉として得た時，あふれるような思いと共に彼らは記録をし始めます。この体験は重要です。なぜなら，生活の場の記録を徹底するための最も大きな根拠は，伝えたいことがあるか，伝えたい人がいるか，ということだからです。

ケアする人を孤立や孤独に追いやらないでください。「これでいいのかな，これでいいのかな」とケアする人たちは思っています。孤立というのは，客観的に一人ぼっちということです。情報が決定的に遮断された状況です。孤独というのは主観的に一人ぼっちということです。誰もわかってくれない，誰も気づいてくれない，ということです。私がこのフロアの長であ

LECTURE 3

人づくりの基本1：職員の気づきを深めよう。

る以上，このグループのリーダーである以上，部下のただ一人として孤立や孤独に追いやりません。このことを，ぜひリーダーである皆さんが自分で腹をくくってください。そのことが，ケアの質向上の大きいきっかけになるのです。

　今リーダーをなさっている皆さんも，きっと新人の頃があったと思います。怖くて不安な日々を過ごしました。先輩からさまざまな配慮を受け，お年寄りから育てていただきました。そのようにして自分のケアというものを見出されたのです。そして，それをさらに充実させていきたい，そのためには権限とか責任が必要なのだということに気づかれました。だから辞令を受け取りました。自分がやりたいケアを，このいただいた辞令と共に，さらに継続的に確実にお年寄りに手渡したいと思います。

　ところが，どんなに優れた中間管理職でも，一人でできることはたかが知れているわけです。職員はリーダーから教えられたとおりのケアをお年寄りにします。自分の話を聞いてもらったという体験のない職員が人の話を聴くでしょうか。自分の思いを受け止めてもらったということのない職員が，相手の立場に立って物事を考えられるでしょうか。だとしたら，自分のやりたいケアを部下を通してお年寄りにすればいいのです。そうすれば，皆さんがやりたいケアは10倍にも

20倍にも広がり深まります。

つまり，問われているのはリーダーである皆さんご自身がどのようなケアをやりたいからこの仕事に就かれているのか，どんなケアをやり通したいから責任と権限をいただいたのかということです。職員はそのことを皆さんに問いかけています。ここがぶれると現場がぶれます。ここで問われているのはリーダーである自分自身なのだということです。

❽ 中間管理職への自己点検表
（ききょうの郷リーダーシップ基本指針）

1. あなたは，施設で改革の推進者ですか？　傍観者ですか？　反対者ですか？
2. あなたは，施設の中で始まっている改革に，無意識の中で抵抗したり，反対したりしていませんか？　もしかしたら，あなた自身が改革の阻害要因の一つになっていませんか？
3. あなたは「良い人」を決め込んで，「為さざる罪」を犯していませんか？　「小人閑居して不善を成す」はリーダーにとって重罪です。
4. あなた自身の中に住む内なる改革阻害要因に気づき，それを取り除く勇気を持つことが大切です。

人づくりの基本1：職員の気づきを深めよう。

5. あなたは，「本気」でお客様を愛し，部下を愛し，施設を愛していますか。
6. 周りからあなたの「本気」が見えるかどうかが一番大切なことです。その「本気」がリーダーシップそのものです。
7. 「本気」は人それぞれのやり方で，職員行動指針を見据えて，「リーダーとしてベストを尽くすこと」以外にありません。あなたは本当にベストを尽くしていますか。
8. リーダーなら「やさしく厳しい」「厳しくやさしい」ことが絶対必要不可欠条件です。
9. リーダーなら「明るく輝く」ことが，まず出発点です。あなたは職場で輝いていますか。
10. さあ，あなたは自分のリーダーシップのどこをどのように「大きく」変えようとしていますか？それこそが最大の課題です。

LECTURE 4

人づくりの基本2
新人の資質を引き出そう。

初回面接時の テクニック ①

　一口に新人といっても学卒新卒，中途採用者，あるいは異業種から転身してこられる方などさまざまです。ここでは学卒新卒を中心に話を進めます。中途採用や異業種転身の方に対する教育については，話題をオーバーラップさせて聞いていただければと思います。

　初回面接には，入職が決まる前に面接をされる場合と，入職が確定した後に面接をする場合があると思いますが，基本的には入職する前に行われるのではないかと思います。入職前の面接には現場のリーダーが是非直接参加されることをお勧めします。

　初回面接時の約束事として，志望動機を直接本人の口から聞きます。これは必ず行います。新人も志望動機は聞かれるものと思って来るわけですから，聞かないと新人たちがとまどいます。ぜひ聞いてあげてください。

　さて，志望動機を聞きますと，このような回答があります。

　「お年寄りが好きだから」「人の役に立ちたいから」「おばあちゃんに育てられて，そのおばあちゃんが病気になって……」「自分の専門性を伸ばしたいから」

人づくりの基本２：新人の資質を引き出そう。

などです。これらは約束事ですから，聞いている方も答えている方も真意であるとは互いに思っていません。

したがって，ここでは「志望動機とはその人が思い込んでいる介護における最高の理念が述べられているのだ」ととらえます。面接官に「なるほど，良くできる子だ」と思ってもらえるように，その時点での自分が思う介護への思いの最も高いところをここで表現しているわけです。

ですから，そこでちょっと一ひねりします。
「お年寄りが好きなんです」
「そう，日本中のお年寄り全員を好きなんだね」
「……」

❖ ❖ ❖

「人の役に立ちたいんです」
「ああ，役に立てると思ってるんだね」
「……」

❖ ❖ ❖

「おばあちゃんっ子だったんです。おばあちゃんが病気になった時，お母さんが看病している姿を見て……」
「で，そのおばあちゃんどうなったの」
「死にました」
「じゃあ，もうお手伝いすることはなくなったね」
「……」

ちょっと上の学校に行った人は知識が豊富ですか

ら，志望動機も思い入れだけではなく専門用語を使ってきます。「QOL」「専門性」「人権尊重」というような言葉がよく使われます。その時には，「お，QOLって何？　何？　聞きたいわ。専門性って何？」というように，本人が使った言葉を2，3回繰り返して追求すれば，ほぼ撃沈ということになります。

　しかしながら，初回面接はいじわるをしたり威圧して本人をつぶしたりするための面接ではありません。大事なのは，その人が思い込んでいる介護の最高も，ちょっと見方や考え方を変えるだけで，全く新しい側面が広がるのだよということを知ってもらうことなのです。

　問答の中から「へえー，そういう見方も考え方もあるんだ。私はこれが介護の最高だと今は思っているけど，もっと違うことがいっぱいあるのかもしれないな」ということに気づけるように伝えていただきたいのです。「あなた（新入職者）が思っている以上の介護の可能性が，この職場と共に働く仲間の中にある。その仲間とは，私（現場のリーダー）のことです。ここで私（リーダー）と働くということは，あなた自身でさえ気づかないあなたの可能性が広がるかもしれないよ」ということを伝えるのです。

　このことを，一言で言い直しますと「なめたらいかんよ」になります。

人づくりの基本２：新人の資質を引き出そう。

　勝手な思い込み，無に等しい経験，本から得た机上の知識だけで，わかったつもりになって「介護の現場を，お年寄りを，なめたらいかんよ。もっともっと現場は大きくてすごいんだよ」ということです。これを威圧的でもなく，お仕着せでもなく，本人にワクワクドキドキするかのように伝える，というのが面接技術です。

❷ 面接時に心身状況を確認する時の留意点

　心身状況の確認をする場合には，冒頭に「言いたくなければ言わなくていいんだよ」という一言を伝えてください。そして「ただね，看護や介護の仕事というのは深夜に一晩中働くこともあるよ，決して楽な仕事とは言えないんだ。あなたには細く長く勤めてもらいたいと思う。あなたが入職する前にあなたが心配なことを私が知っておけば，私なりに配慮をすることができるかもしれないので，そういう意味であなたの心と体で今気掛がりなことがあれば教えてほしいんだ」というように聞いていきます。

　体の方では，体重がかかる関節の状態です。腰が悪い，膝が悪い，足首を痛めたことがある，古い交通事

故の後遺症があって雨の日や寒い時期に首が痛くなる，などです。現在飲んでいる薬なども含めて，継続的な治療を受けていることがあれば一応伺います。これはこれで皆さんには適切に判断ができるのではないかと思いますが，難しいのは心の方ですね。

いろいろな学校へ指導に行きますが，福祉系の学校の学生で気になるのは，幼い頃に両親と，虐待とまではいかなくても，非常に厳しい関係があった子が多いという印象が残っていることです。学生と非常勤講師の関係ですから，彼らたちの口から深いところまで聞き及ぶことはできませんが，やはり虐待やいじめ，不登校，閉じこもり，一次的な学習障害などの経験がある子が，印象としては多いなと思っています。もちろん印象の域は出ないわけですが，ある統計調査で有意差があるという報告があったのを見て，同じように感じた人がいたのだなと妙にうなずいてしまったことがあります。

誰よりも，まずは本人がケアを望んでいる。そんな人たちが，ケアの匂いをかぎつけるかのようにしてこの世界にやって来ることも多い，ということです。この人たちは，人の視線を得て，自分も人の顔色を見るという状況をつくりたがる傾向があります。そこに不足感が生じると，注目を集めたがるような行動をとり始めます。大人になってから周囲の人の顔色を見て自

LECTURE 4

人づくりの基本２：新人の資質を引き出そう。

分の立場を保全するという，いわゆる処世術を身につける人は往々にしています。前述の学生たちは，幼い時から大人の顔色を見ていなければ，命さえ守れなかったというような経験を持っているのです。ですから，無意識的に人の顔色を見て，自分への注目の継続を望むという行動をとるのです。

　このことは，表現として否定的に申し上げていますが，これがいったん正しい方向性と健全さを持ちますと，ケアにものすごい力を発揮します。つまり，他人の様子をつぶさに観察し，そのことによってその人が望まれることに対応するのですから，介護職としては重要な資質になるわけです。しかし，これが誤った方向にいきますと，人の取り込み，支配，コントロールというように，共依存の原型になっていくわけです。私たちが求めるのは相互依存ですから，決して共依存ではないのです。リーダーの対応次第によっては，共依存になりやすい職員がたくさん介護の現場にやって来る場合があるということです。

　入職者が中高年の場合は，更年期障害の徴候，そして鬱病と鬱傾向について確認しておきます。体がほてったり，ささいなことでいらいらしたり，カーッとすることはないか，１つのことを考えすぎて，眠れなくなったり，食べられなくなったり，時にはどうしてこんなことで泣き出すんだろうということが今までに

なかったか，ということをあまりプレッシャーをかけずに穏やかに聞いてみるのも人によっては必要です。そして，パニック障害などは，車の運転，1対1の訪問が要求される職種には注意が必要です。

　初回面接の段階で以上に申し上げたすべてを把握できるわけではないということも自覚しつつ，それでも今挙げたようなことは伺っておいていただきたいのです。私が申し上げたいのは，心身に何がしかの事情があるということのみを理由に，その人を排斥してはならないということです。法律的にも問題が出てきますし，人をそのように選別するということが，後にチームを疲弊させるということにつながります。

　大切なのは，その人に何がしかの深い事情がありますと，チームに入って来た時に，そのためのサポート態勢を敷かなければならなくなるということです。例えば，トランスファーは常に2人がかりでなければならないとか，家族対応はできない，夜勤はしばらく様子を見てしかるべき先輩と組ませる，というようなことです。

　そして，その人が自身の特性を自覚し，かつその人を生かすために，他者がサポートすること，そのことを，チームの底力や個性に変容することができるかどうか。そのような力がリーダー側にあるのか，実はむ

しろ問われるのは自分のリーダーとしての力量なのだということです。

通常，この人が入職すれば当然一時期もめるだろうな，ほかの職員から苦情が出てくるだろうな，ということはわかりますよね。その時に職員に対して「じゃあ，私たちはどのようにチームを考えていけばいいんだろうね？」ということを問いかけ，そして具体的に提案し，待つことや相互に工夫する時期を持ちながら，違和感を乗り越えた時に，その力をチームワークに変容させ，とても個性的なチームをつくり上げることができる。そういうことを，リーダーとして自分ができるかできないかというよりも，そのような意欲がご自身の中にあるのかということを点検していただきたいのです。

❸ 施設内探検隊のススメ

私がよくやる方法はこうです。新人たちに30分から1時間くらいの時間を与え「施設の中を一通り見てきてごらん」と言います。いわば施設内探検隊です。その時に，その施設のいいなと思うところと，嫌だなと思うところをまとめてもらうわけです。探検レポート

です。そしてそれらを整理して模造紙に書き出すなどの作業を通して発表させます。

　ここで何を見るかと言いますと，いわゆる1対1面接だけでは見ることのできない，その職員の，その職員自身も気づいていない能力を見るということになります。

　例えば課題に対してきちんと答えようとするか，一緒に施設見学をした仲間をまとめる力は誰にあるのか，作業的な面の取りまとめは誰がするのか，発表の段取りはどう決めていくのか，あるいは発表内容をどんな文言にまとめているか，そして発表の態度やその協力姿勢はどうか，ということです。これらは，一般の1対1の面接だけでは見出すことができませんので，いわゆる新人アセスメントとして重要になります。

　この場合，その発表内容はさほどたいしたことはありません。「ごみが散らかっていたと思います」「お年寄りの口の周りに黄色い卵がいっぱい付いていました」とかそういうことです。その発表を受けて「それをきれいにするのがあんたの仕事やで」という話になるくらいですね。あるいは「職員さんが明るくてとっても良かったです」「お年寄りがとっても生き生きしていました」とか書いてくると「こいつはお調子もんやぞ」ということがわかる程度です。一応最後の締めくくりとして新人たちには「同じ時間に同じものを見てもこん

なに違いがあるんだね。このように，物事にはいろいろな見方やとらえ方があるのだよ」ということぐらいは言いますが，この取り組みの真なる目的は，何を発表したかということではなく，人と交わることで見出すことのできる能力をアセスメントする点にあります。

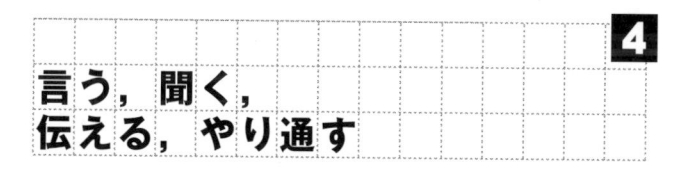

4 言う，聞く，伝える，やり通す

新人の時代に重要なのは，まず「言う」ことです。先に申し上げたように，「気づく，心配する，考える，行う」という4つがケアを実施する際に求められる資質で，これは誰でも持っているわけです。

次に介護の専門職として大事な能力は「気づいたことをちゃんと表現できるか」ということになります。表現している内容そのものは，新人の頃には大した問題ではありません。まず，言おうとするか，言うことができるか，が大事なのです。その次に，人の話を聞くことができるか，です。言うことと聞くこと，これが新人の職員の最大の課題ではないかと思っています。そして，その次の段階に入りますと，伝えることができるか，ということが課題となります。伝えるというのは，言うとか聞くというレベルをさらに超えた

段階です。「だって言ったもん」とか「聞いてないもん」というようなレベルではなく,「重要なのは伝わったか伝わっていないかということでしょう」という時期がいずれやってきます。入職後3年程度過ぎても,まだ言った言わない,聞いている聞いていないというようなことでもめているようではだめなのですね。伝わったか,伝わっていないか。伝わっていないなら,どうして伝えきれなかったか。何を伝えようとしているのかがなぜわからなかったか,というようなことが重要になってくるのです。

　そして2,3年を過ぎますと今度は,言うこと,聞くこと,伝えることの次に「やり通す」ということが問われてきます。3年も過ぎると,問われることは「今まであなた,介護職として何やってきた？」ということです。「1つでもやり通したことはあるの？」「1週間,2週間ぐらいでどうするの。1年,2年の単位でしょう。人ひとりに元気になってもらおうということは,どういうこと？」という問いかけに答えられるようになって"新人"卒業です。新人にはこのような言葉は向けません。

　このように,言うこと,聞くこと,そして伝えること,やり通すことという,介護を仕事として行う時に必要な能力。これをケアの基本であり,職員自身の資質でもある「気づく,心配する,考える,行う」に,

LECTURE 4

人づくりの基本2：新人の資質を引き出そう。

それぞれ照らし合わせて考えていくというのが，職員指導のポイントになるわけです。その最初のところのアセスメントが初回面接なのです。

ちょっと寄り道

インプロ研修ってご存じですか

　最近よく話題になっているものに，インプロというものがあります（インプロヴィゼーション：即興）。例えば，5人程度のグループに1つの課題を与えます。「おじいちゃんがいました。体が不自由です。おばあちゃんがずっと介護をしていました。ところがおじいちゃんは突然病気になってしまって入院しました。おばあちゃんはずっと病院に通っています。ある日先生が『退院しましょうね』という話をしたけど，おじいちゃんは『嫌だ』と言うし，おばあちゃんも『どうしようかな』と思うし，そこに息子夫婦がやって来ました。さあ，その時のお医者さんの役，看護師さんの役，おじいちゃんの役，おばあちゃんの役，長男の役，それからもし人数がいれば孫の役をして，その場面を5分間即興で演じてごらん」という方法です。

　グループには10分ほど時間を与えて，その間に

役割分担をしてストーリーを決め，せりふを決めて，スタートします。ほとんどがアドリブになるわけですが，そのこと自体すごく楽しいです。見ている先輩諸氏も大笑いですが，その中でその職員にどれぐらいの資質や能力があるのかということを見るのです。これをベテランのグループでやるとさらにおもしろいことがあります。ロールプレイングとは目的が異なりますので，ある課題をチームでどう咀嚼するか，そこでリーダー的な存在が生まれてきたり，あるいは作業的なことがうまい職員がいたり，そして土壇場になると「あれ？ この人，こんな力があるのか」というような新たな一面に驚くというように，職員一人ひとりの個性が見え，仲間意識が持てるという効果があります。

5 先輩職員の反応から読み取る新人の資質

　新人たちがいよいよフロアに出てきます。リーダーは自分なりに新人のアセスメントを行って，おおよその見当はつけているのですが，それだけではわからないことがさらに見えてきます。実際にフロアで利用者や先輩諸氏とかかわる中で，その職員の特性がどんど

LECTURE 4

人づくりの基本2：新人の資質を引き出そう。

ん出てきますので，それを読み取っていただきたいのです。

皆さんもご経験があると思いますが，例えば5人の新人がいたとすると，不思議なことに，先輩の口の端にのぼる新人は1人か2人に限られています。

「ちょっと，あの態度どう思う？ 頭くるわよねえ」「今までうちにはなかったタイプよね」「いやあ，あの子かわいい」などなど。おいおい新人はほかにもいるよと言いたくなりますが，なぜか良い悪いにかかわらず，同じ新人の名前が出てくることが多いのです。これについては，その新人の評判内容に踏み込む必要はありません。ただ「あいつが憎たらしい」とばかりに，弱いニワトリを強いニワトリが突っつきまくって殺してしまうという場合にだけ，セーフティを入れてあげれば良いのです。

ここで見なければならないのは「口の端にのぼる新人には，そのような特性がある」ということです。つまり，何か人を引き付けたり，何がしかの注目を得たりするような，他者に与える影響力があるということなのです。これも面接ではわからないことなので，先輩職員を通じてキャッチしていきましょう。

ただ，あまり先輩がぐだぐだ言うようでしたら，リーダーとして雰囲気をちょっと変える発言をしてあげてください。

「もう,あの新人ね,態度も言うこともでかいんだけど,全然だめ。こないだなんか,おむつ交換一つできなかったのよ」と先輩がいらいらむかむかしているようなら,「そりゃあ大変だったね。あの生意気を介護の元気に変えたいね」とか「本当に心配になってくるよね。あのむかつく態度を輝く個性に変えられるのは,あなたたちだけでしょう」とか,先輩側のガス抜きをします。

老人と先輩職員は,すでに一つの共同体をつくりあげている。そこに"新人"という異邦人がやってきたので,違和感が発生します。先輩の真似をして,新人が同じように利用者を"キミさん"などと呼ぶのがどうにも許せない! という感じです。先輩職員のこの気持ち悪さはいったん認め,ガス抜きしてあげてください。その後,私たちがこの新人を育てていかなければチームは育たないのだということを改めて伝えてください。

ちょっと寄り道

定期的な個人面談の有効性

新人には必ず,3日,1週間,1ヵ月,6ヵ月,というようなスパンで,できる限り個人面談をしま

LECTURE 4

人づくりの基本2：新人の資質を引き出そう。

> しょう。周囲に気兼ねしない密室で1対1になって「どう。疲れたでしょう？」「実際の現場を見てびっくりしたでしょう？」「ケアをやってみてどんなことがおもしろい？」「どういうところが嫌だった？」というようなことを聴いてあげてください。話す内容はその程度で良いでしょう。会話内容そのものにはそんなにこだわらなくてもかまいません。大事なのは，面談を受ける職員側が「私に時間をとって，リーダーが目を見てちゃんと話を聴いてくれた」という体験をすることなのです。

❻ 身体拘束に関する意識づけ

　新人教育では，身体拘束に関する意識づけの研修を必ず行います。身体拘束には，見える拘束と見えない拘束があるのだということを教えます。「見える拘束」とは，手を縛る，鍵をかける，ベッド柵を4つ付ける，というようなことです。「見えない拘束」というのは，例えば，職員が大きい声で忙しい忙しいといいながらバタバタするというようなことです。忙しがって走り回っていたら，それを見たお年寄りは「今日はじっとしていた方がいいのかな」「今は何も言わない方がい

いのかな」と思ってしまいますが，そのこと自体がすでにお年寄りに対する行動制限なのだということです。

あるいは，どんなに一生懸命おむつ交換をしても，中腰で作業をして立ち上がった時に「あぁ」とうめきながら腰をトントンとたたき，「ふう」とため息をついて，「何かあったら言ってくださいね」なんて言ったら，お年寄りは何かあっても言いません。そのように，介護者側の態度や言動による行動制限というものがあるのだということ，そして人の行動制限を人が行うということが，いかに理不尽なことなのかということを徹底してたたき込みます。

ちょっと寄り道

巧妙な身体拘束の実態を暴く

昨今さすがに手足を縛るとか，拘束衣を着せるというような見た目にわかりやすい身体拘束はなくなりましたが，一見拘束には見えない巧妙な"身体拘束"を目にすることが増えてきました。

例えば「うちはベッド柵を４本なんて絶対に使ってません。当然２本です」と言いながら，手前に２本の柵をつけてベッドを壁にくっつけているのです。でも，それでは４本柵と同じですよね。

LECTURE 4

人づくりの基本2：新人の資質を引き出そう。

　あるいは，立派なテーブルにきれいなテーブルクロスをかけ，一輪挿しに花を飾り，イタリア製のコーヒーカップを使っていることを自慢している施設の午後のティータイムを見学しますと，机もいすも壁に近接させていて，座った人は1人では動けないようになっているんです。光景的にはとても上品で静かな光景ではありますが，いすに座った人は身動き一つとれないのだから拘束と何ら変わりません。

　さらに「当施設ではシーツ交換をきっちりやっておりますから，柵は1本もありません」という施設では，シーツをぴしっと張りまして，その上にお年寄りを寝かせて，その寝ているお年寄りの体の上にもう一枚シーツを張るということをしていました。お年寄りは蓑虫状態です。しかし掛け布団をかければ，そのお年寄りがシーツで蓑虫にされていることはわかりません。

　さらにすごいなと思ったのは「動かない，動かない」と言いながらおじいさんたちが，筋力増強訓練かなと思うほどに車いすを一生懸命こいでいる光景を見た時です。いくらこいでも車いすは動かない。何でだろう。よく見ると，車いすの押し手を廊下の手すりにひょいと乗せているのです。そうすると車いすの後輪が浮きますから，どんなにこいでも動かないのです。

「これは何のためにしているの？」とそこの職員に聞いたら、「風呂待ちなんだけど、いつ風呂の順番が来るかわからないから、待っている間に勝手にどこかに行ってしまわないように」そうしているのだそうです。これは明らかな拘束ですよ。

　それと、最近よく見かけるのはソファです。寝たきりにさせないために車いすに移す。"車いすばかりでは疲れるから"と言葉はやさしいのですが、車いすからフカフカのソファにお年寄を移す。あまりにフカフカのソファは、膝よりも腰の方が深く沈みますので、お年寄りは起き上がりも立ち上がりもできなくなってしまいます。このまま座らせっ放しなら、立派な拘束でしょう。

　セミナーでこの話をすると「それは良い考えだ」とか言ってメモしている受講生がいましたが、これを読んだあなた、真似するのはやめてくださいよ！！

7 事故とは何か、責任とは何かを徹底しよう

　事故に関する基本的な構図の把握として、まず事故とは何かということを現場で整理しておくことが必要

人づくりの基本２：新人の資質を引き出そう。

です。事故とは「係る事態において、ほかに責任を問う必要がある状況」と説明することができます。ここでいう「責任」とは「解決することができる」ということです。責任を果たすということは、解決するということです。そして、係る事態において、ほかに責任を問う必要がある状況なのかどうか、つまり、誰が解決することができるのかという判断は、現場の責任者が行います。

ですから、構造的には係る事態が発生したなら、まずは現場の責任者に正確に報告することが必要です。その上で責任者がそれを事故かどうか判断します。この判断から、医療的責任は医師や病院へと問い合わせ、社会的責任は家族や行政、時には警察・マスコミへの問い合わせになってきます。この判断に誤りがあれば、責任者はその責務に応じて、相応の責任を追及されます。したがって、ヒヤリ・ハットのみならず、利用者の愚痴も含め、一般的な苦情も日常的な申し送りも含めてすべて報告してもらう必要があります。

例えば、新人が「転倒しても、骨折したら事故で、骨折しなかったら事故じゃないんですか？」と聞いてきたとします。あなたはどう答えますか？

新人はいろいろ言いますよ。

「骨折したら事故なんだよ」

「いやいや、青あざができたらそれでもう事故なん

だよ」

「そうじゃなくって,やかましい家族だったら事故なんだよ」

「本人が何も言ってないんだったらいいじゃん」とか。

ですから「事故かどうかは私が決めます。あなたたちが決めることじゃない」ということを,リーダーははっきり言えなければなりません。

そして係る事態において,看護・介護のリーダーが問われるのは「そこにケアはあったか」という責任です。医療的責任,社会的責任と同じく,看護・介護としての責任を明確にする。これだけは直属の上司だけしか判断することができませんから,しっかり見ていただきたいと思うわけです。同じ転倒でも,そこには看護や介護があったかということを大切にします。

拘束とは何かという研修に引き続き,以上のように,事故と責任について指導した時には,必ず皆さん自身が言葉にして,職員の目を見て,言ってください。「あなたが利用者のために懸命に行ったことで,万が一事故が発生した時には,その責任のすべては私が取ります。なぜなら,私があなたの上司だからです」と。

私も4月の新人研修の際にこのことを言います。やはり背筋が伸びますね。新しい1年が始まったという思いを実感する瞬間です。このような,自分自身のリーダーとしての自覚を表し,立場を明確にする言葉

を，まだ目のキラキラした新人に向かってしっかり言えるか言えないか，そのことが，リーダー自身にとっても重要なのだと思っています。

髙口光子推奨 新人教育プログラムと指導要領 8

■理念——理事長などが直接に説明する

理念の説明については，理事長や施設長が直接指導してください。大きい法人になりますと，こういう場面でもないと理事長や施設長の顔も知らない職員が出てきます。

■就業規則——事務長などが，契約事項も含め明らかにする

労働におけるその職員自身の契約事項も併せて，就業規則の文書を示して直接わかりやすく話をしていただきたい。組織図もきちんと説明してください。

■介護保険制度——全体事業の構成

新入職員たちは介護保険制度といってもそれほど詳細な知識があるわけではないと思います。制度の指導には，設立地域の保険者が作成している市民向けの介

護保険制度の説明パンフレットを資料にするといいでしょう。一般市民はここまで理解してサービス利用に至るのだから，サービス提供者である私たちが全く何も知らないというわけにはいかないことを指導します。

　介護保険制度の説明の中で重要なのは，その財源が１割は自己負担，残りの９割の半分は介護保険料，そのうち半分は税金で賄われているということです。つまり私たちは税金を財源として働いているのだということの認知です。税金を財源としているということは，いつ，どこで，誰から何を問われても，きちんと説明できなければならないのだ，ということです。そのことを示してください。

■ケア原則──３項目を具体的に説明する

　①寝たきりにしない，させない，②生活習慣を大切にする，③主体性・個性を引き出す，ということを具体的な事例をもって伝えてください。

■ケア指針の発表──各実技，各委員会のできていること，これからやっていくこと

　ケア指針につきましては各委員会が担当し，自分たちの委員会が職員の合意を得てどういう指針を持って活動しているかを伝えます。例えば，食事委員会であれば，今年度の食事のケアはこのようにします，とい

うことを自分たちで考えて発表するということです。

加えて、実技講習をお勧めします。これは大変盛り上がりますし、楽しいですね。例えば、食事委員会の実技では、目隠ししてお互いに食事介助をしてみようとか、説明なしで黙って介助を受けながらミキサー食を食べてみようとか、いろいろやります。

排泄委員会の実技では、「今日1日パッドを着けて働いてください。1回もトイレに行っちゃいけません」とか。入浴委員会なら水着になって風呂に出たり入ったり、などです。

そして「今まで入浴委員会はこのようなことをやってきました。でも、これとこれができていません。だから、今年はこのようなことをやろうと思うから、新人の皆さんも一緒に力を貸してほしいのです」というようなことを、委員長が語って締めます。

■ リーダーと新人のディスカッション――課題検討・発表

先に紹介したように、施設内を見学して、それぞれに良いところ、悪いところを発表するというものです。施設見学でなくても、同じビデオを観てどう思ったか、という方法でもいいと思います。あるいは、1日現場に入ってみて、すごく楽しかったこと、嫌なことを書きなさいというのもいいですね。

■プリセプター――組み合わせに大義名分を立てる

　プリセプターとは，マンツーマン指導をする際の，いわゆるお姉さん役ですが，例えば新入職員に3年目クラスの職員を組み合わせようと考えますと，その3年目の中にとんでもない職員がいたりします。リーダーは「この職員だけは新人には付けたくない」と思うわけですが，3年目職員の中からその職員だけを外すと「何で私だけ新人を担当させてもらえないの！」と，そういう職員に限ってガタガタ言います。「それは，"あ・な・た"だからだよ」と言いたくなりますけれども，それをあからさまにすると新人に思わぬ負担がかかってしまうことがあるので言えません。よって大義名分を付けなければいけないわけです。

　プリセプターのウエイトは，新人がこの仕事になじむかどうかという点でとても大きいので，組み合わせに対しては，リーダーは相当深く考えるはずです。ところがリーダーのそのような思惑を職員は違う視点で見ています。「ね，やっぱりあの人，ひいきされてる」とか「やっぱ私，外された」とか。外されたことがわかったなら自己反省しろよと思いますが，そのような職員に限ってまず自己反省などしません。

　そこで，私は組み合わせを発表する会議の場では，新人の名前を呼んで「プリセプターはこの人です。この2人は，のび太君とドラえもん。この2人は，まる

LECTURE 4

人づくりの基本2：新人の資質を引き出そう。

子ちゃんと花輪君」などわけのわからないことを言います。するとワーッとみんなが笑いますから，笑ったすきに，「じゃあ，次の議題に」というような感じで，大義名分？　を立ててその場を乗り切ります。

■他部署研修――各種サービス理解は困難。接遇と位置づけた方が合理的

　他部署研修も行いますが，新人のレベルで法人内の各種のサービスを一度に理解することは困難だと私は思っています。「自分がどこでどのように働くかもよくわかっていないのに，ほかのサービスを理解しなさいといっても，現実的には無理なんだ」というような解釈です。

　むしろ他部署研修とは接遇研修なのだ，と位置づけた方がいいのではないかと思います。では，ここで行う接遇研修とはどのようなことかと言いますと，自分が他部署に研修に行くという前日に「明日何時に来たらいいですか。どのような服を着てきたらいいですか。準備するものはありますか。では明日はよろしくお願いします」とあいさつをさせることです。そして当日は言われた時間の5分や10分前にはその部署に行き「おはようございます」と積極的にあいさつをし，できれば掃除ぐらいはしておく。そして，指導者には自ら進んで「何かやることはないですか」と聞き，そ

れができたら「できました。次のご指示お願いします」と言って,休み時間もそこの職員たちと一緒に過ごす。後片付けをして,帰り際には「何か至らないところがありましたら,また教えてください。今日は本当にありがとうございました」とあいさつをし,部署に帰ってきたら直属の上司に「今終わりました。今日はこういうことを学びました」と報告して実習ノートを書き,報告書を直属の上司にいったん提出の上,確認印をいただき,原本をその日お世話になった部署の主任さんに次の日一番に出して,コピーを直属の上司に提出する,という一連のことをきちんとやりなさいということです。

　これが同じ法人内で行われる他部署研修です。同じ法人内ですから,仮に何か失敗しても取り返しがつきます。リーダー同士で「今度このような新人が行くから頼むわ。気になることがあったら教えてね」などと根回ししておくといいですね。

　私の場合は,看護職を介護部門に,介護職を看護部門に入れています。それから,施設部門が2階と3階などと分かれているのなら,3階の職員は2階,2階の職員は3階に行かせます。これらは新人研修の時期にしかできません。ローテーションの勤務に入ったら,なかなかこういうことはできなくなります。施設系は通所系に,通所系は施設系に,またソーシャルワーク

人づくりの基本2：新人の資質を引き出そう。

部門とリハビリ部門というのも検討します。

　そして、やはり外せないのは栄養課です。例えば、厨房がどれだけ暑い所なのか、厨房があれだけの数の食事を時間内に出すために、どれだけ大変な思いをしているのか、行って見て来いということですね。そして、ミキサー食をたった1つ作るのにどれだけの手間がかかっているかということを実感してほしいということです。

■**各研修の開催時期**

　概ねこれが、私が推奨する新人教育のプログラム例です。あとはそれぞれ皆さんの法人で特徴的な取り組みがあれば是非加えてください。研修の順序としては、入職した初日に行わなければならないのが「理念と就業規則」。1週間以内に行いたいのが、リーダーと新人のディスカッション、介護保険制度、ケア原則。これらは、現場の直属の上司が直接実施してください。ケア指針につきましては、各委員会が担当いたしますので、私は5月の連休明けの頃から6〜7月には行いたいと思います。4月で委員会の再編が行われることが多いので、新人研修が、新委員長の初仕事ということになります。委員会では、新委員長を迎えて、新人研修をどのように行うかの話し合いがもたれるでしょう。そのこと自体が、委員会のチームワークづく

りにおいて，達成感の得やすい課題ですから，委員会メンバーにも良い研修機会となります。

　そしてプリセプターは，4～6月の3ヵ月間行うというのが一つの目安ではないかと思っています。それから他部署研修は，相手方のある研修企画ですので，4～6月の3ヵ月間にわたって，勤務表も調整しながら，相手方の都合も聞きながら，組み合わせるという手順が必要ですね。

LECTURE 5

コミュニケーションと教育的なかかわり方

おばちゃん職員対処法

　現在の日本で第2号被保険者に該当する女性職員の不平不満を聞き届けるシステムは地域にも家庭にもありません。平たく言うと，40歳以上の女性の愚痴を子どももだんなも聞きはしないということです。

　しかし，40歳以上の女性というのは，基本的には頑張り屋さんなのです。納得できることなら一生懸命働くおばちゃんたちです。ところが仕事を頑張るうちに，地域での友達もぐっと減ってくるわけです。そうすると，その人たちが愚痴を言えるのは職場しかない。皆さんの主任手当ての半分以上は，このおばちゃんたちの愚痴と元気を賄うことでもらっているのだとぜひ思っていただきたいですね。

　特に，デイサービスあたりにいる若い男性の主任の場合，おばちゃんたちはいじくりたくて，しようがないのだから。もういじくり回して，散々な目に遭わせて「もう俺，女は嫌です」などと言ってその主任は辞めていく。かわいそうです。しかし，おばちゃんたちは「あら，かわいがってあげたのに，いなくなっちゃったわね」と平気なものです。ですから，是非若い男性たちに言ってあげてください。「まずしっかり

LECTURE 5
コミュニケーションと教育的なかかわり方

おばちゃんの話を聞くのだよ」と。「おばちゃんの話を聞く時の心構えとしてはだね，おばちゃんが壁の掛け時計を背にするような位置に，あなたが立たないといかんのだ。そして，時計を遠めに眺めながら，あの長い針が9になるまで頑張ろうと，そう思いつつ心を保つのだ」と。

　大抵の方々は，限界15分ですね。15分しゃべって，しゃべって，しゃべりまくれば息切れしますから。ところが，聞いている側が途中でチラッと腕時計に目を落としたりすると「あんた今時計見たね」とそこでリセットするわけです。そしたらまたそこから15分始まります。ですから，時計を見ることで目線をそらさない。5分10分で話の腰を折ってはならない。こちらが目をそらしたり，時間を気にしたり，いらいらしたりすると，そこでおばちゃんたちはリセットしてしまうから。そして最後に「わかりました」と言うのですよと伝えます。

　ところが若い男性が半泣きで訴えます。

　「おばちゃんたちの話はほとんどが人の悪口だから，そのとおりだと肯定的な相槌を打つと，あの人もそう言っていたよと話に尾ひれが付いて，気がついたら僕が悪口の張本人になっているんですよ。だからといって，否定的に僕はそう思わないなどと言うと，あんたは何もわかっとらんと今度は僕の悪口を言い出すんで

す。いったいどうしたらいいんでしょう……」
　ベテランの主任さん方は、こういう場合の対処法をよくご存じですよね。ぜひ教えてあげてください。
　「人の話を聞く時にはだね、特にその内容が人の悪口である場合には、否定でも肯定でもない聞き方をしないといかんのだ。それは『驚いて聞く』という話の聞き方だ。『はあー』とか、『へえー』とか、"はひふへほ"で相槌を打つのだよ。そして最後には『知らなかったな〜』で締めるんだよ」と。
　おばちゃんの良いところは、人の悪口を言って、言って、言いまくっても、何かを境に「でもね、あの人も子どもがまだ小さいからさ、だんなもこうだから大変なんだよね」「あの人も良いところはあるのよ」という具合に自分で問題点を提起して、その改善策を見つけ出し、そしてそれを私が引き受けるから大丈夫、ではそのようなことでさようなら、と自己完結していくところなんですよ。おばちゃんというのは、自分で散らかして、自分で片付ける。これが好きなのです。だから、その散らかし方や片付けが半端だと、おばちゃんたちは怒るわけです。ですから、おばちゃんたちはしっかり散らかして、しっかり片付け、そのことを自己確認するために、ずっとしゃべり続けるということです。そのことを受け止めてもらっているという体験が重要なのだということですね。

LECTURE 5
コミュニケーションと教育的なかかわり方

　基本的にはおばちゃんたちは頑張ってくれる人たちです。だから，散らかしと片付けを聞き届けている人がいるのだということがわかれば，とっても安定的に，こちらが望む以上に頑張ってくれます。

　さらに男性のリーダーに言っておきたいこととしては，時々おばちゃんたちに相談を持ちかけるのも有効だということです。ただしその相談の内容は，すでに解決済みの出来事にしておいてください。さまざまな提案を出し合って論議して，これから創意工夫をしてチャレンジするという種類の話題はしないことです。そして相談事の持っていき方は「僕は男だから，女の人の気持ちがわからない」「僕は結婚していないから，結婚している人の気持ちがわからない」というように，おばちゃんの最も得意とする分野に限定します。そうすると「あんたも若いからわかんないかもしれないね，おばちゃんに任せな」と，おばちゃんが胸をたたいて応えてくれます。

　おばちゃんの胸の内には，いつもあるコンプレックスがあります。専門的な勉強はしていないし，資格はないし，新しいことはよくわからないし，私が変なこと言っているのかな，嫌われていないかな……というような気持ちです。それが，ある物事が決定されて，全員に申し渡されたりして，"自分は聞いてない，知らない，わからない"という感情を持った時，一気に

吹き出してしまいます。物事の決定過程に自分の存在が多少でもかかわったということが，彼女たちにとっては重要なのです。しかし，責任を取ることは大嫌いです。ここに注意しておきましょう。

それともう1点，おばちゃんには敬語を使い，立てる時は立てるということです。例えば，ちょっとした順序は何でもおばちゃんが一番ですよ。勤務表ができあがったら，おばちゃんたちに最初に配るのです。いいですね。忘年会で酒を注ぎに行くのは，あえておばちゃんが一番ですから。若い男性の主任が，忘年会の席で若い女性職員に囲まれてキャーキャー笑っているのを見ると「おいおい，そんなことやってる場合か，おまえ」と思います。「忘年会ってのは仕事の内だよ」と。

考えてみてください。若い男性の主任が若い女性とキャーキャー酒飲んではしゃいでいるのを見て，楽しい気持ちになるおばちゃんが一人でもいるか。若い男性はビール瓶を捧げ持って，「おばちゃん，本当に今年1年，お世話になりましたね」と真っ先に注ぎに行きなさいって。

ですから，日頃は敬語，解決済みの相談，ものの順序はおばちゃんが一番，そして，しっかり話は聞く。そうすると，皆さんが想像している以上に，おばちゃんたちは仕事をしてくれるのです。非常に力強い味方になってくれるのです。彼女たちは生活者ですから，

その力強さと世間としての感覚は抜群なんです。そこにあり余るエネルギーが加われば、こんなに心強い味方はありません。特にデイサービス関係はポジティブに燃え上がります。

2 今どきの若者職員対処法

これにも随分頭を悩ませていらっしゃることでしょう。私は昨今の若い職員については、宇宙人と思うことにしています。皆さんも彼ら彼女らに対しては「遠い銀河系のはるかかなたから、ようこそ地球へありがとう」という気持ちでいてください。世代とか、しつけとか、常識とか、そんな小さなスケールで見ていてはこちらの身がもちません。

さて、宇宙人というのは地球人と交信をしたいと思っているわけですが、その交信の仕方がわからない。だって地球に来たばかりだから。だから、廊下ですれ違う時には「やあ、おはよう、地球人はこうやって交信をするのだよ。朝出会ったらおはようと言うのだ」という気持ちであいさつから教えていただきたい。宇宙人というのは、最初の地球人との交信を誤りますと、もしかすると途中で仲間をたくさん連れて地

球に攻撃を仕掛けてくるかもしれません。ですから皆さんは、この宇宙人と最初に出会った地球人として、地球防衛という大きな志を持って、地球では朝はおはようと言うとか、ゴミが落ちていたら拾うのだということを教えてあげてください。皆さんが今、この宇宙人との対応を間違うと、もしかしたら宇宙大戦争になってしまうかもしれないのです。それを防ぐのだというすごい使命を持っていることを自覚して辛抱してください。だって、宇宙人に怒っても仕方がないのだから。気にしても仕方がない。ですから、「あ、意味が通じなかった？　わからないよねえ、宇宙にはこのような言葉はないから」と思い直して「ごめん、ごめん地球人の私が間違えた。こういうのって宇宙では何と言うの？」という思いで、ぜひ宇宙の文化にも興味と関心を持っていただきたいなと思うわけです。

　そうすれば地球人と宇宙人が次第に仲良くなっていき、時には地球人では想定できないような介護の在り方を宇宙人たちがつくり上げてくれるというような壮大な夢とロマンが広がります。皆さん自身の力では見ることのできない、想像もし得ない宇宙の風景を、彼らが見せてくれるかもしれない。そういう目で新人を見ていただきたいのです。

　それぐらい思わないとやっていけませんよ。とんでもない人が来るでしょう？　本当に腹が立ちますよね。

でも，いちいちまともに取り合っていたらこちらがまいってしまいます。だから，宇宙人と思って，気持ちを宇宙レベルの壮大なところに置いて，小さなことでいらいら，かりかりしないように保つのです。

　本当に「何もかも初めてなのだ」という視点で若い職員に接してください。

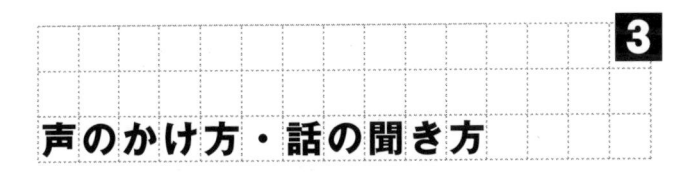

3 声のかけ方・話の聞き方

　職員へのかかわり方で，全般的に言えることとしては，とにかく絶対にばかにしないということです。

　「今それって大事？　後にしてくれない」「それがどうしたの。だから何なの？」みたいな言い方は厳禁です。「何も知らないのね」とか「人間性が低いのよ。親の顔が見たいよ」と平気で言っているリーダーがいますね。介護というのは，老いて，病んで，現代社会において生産性が低い，弱い立場だなどといわれているお年寄りに対して，人として生きていく価値を共に見出しましょうという現場です。少なくともこの職場に今日出勤したことに敬意を表してください。簡単に人が人に向かって人間性が低いなどと言ってはなりません。そして一度も会ったこともない親のせいにして

はいけないということです。すべてはリーダー自身の指導不足そのものなのですから。

　怖いのは，上司からこのような言葉を受けた職員が，そのとおりを老人に向けるということです。

　ですから「あなたが言いたいのは，こういうことなのね。すごい，すごい。おもしろい」あるいは「へえ，なるほどね」と驚いて，表情豊かに「じゃあ，私もやってみるね」とか「あなたの意見もよくわかるけれども，私はこう思うけど，どうかな」というように，まずしっかり話を聞いて受け止めるということですね。この手法はカウンセリングの基本でもありますが，いわゆる「傾聴」です。傾聴というのはしっかり心を傾けて聞くことです。傾聴―共感―受容―繰り返し，そして質問というのが，人の話を聞くスタンダードな方法です。

4 腕利きリーダーの落とし穴

　ところが傾聴した後に，腕利きの師長や能力のある寮母長ほど陥りやすい落とし穴があるのです。それは，職員から聞いた話，特に困った話に対して，つい何かをしてあげようとすることです。

　若い人がリーダーに困り事や不安，不満を言ってく

LECTURE 5
コミュニケーションと教育的なかかわり方

ることがありますが,実はその職員は自分の思いを口に出して聞いてもらって,それだけで十分ということがあるのです。ところが腕利きのリーダーほど「よしわかった。今度の会議で議題として出す。委員長にも話を持っていく。それで予算も取ってきてあげるからね」とてきぱき解決への手を打ってしまいます。そうなると言った本人にすると「わあ,でかい話になっちゃった。どうしよう。言わなきゃよかったな」なんてことになるのです。

ここで知っておいてほしいのは,若い職員が持ってくる話には,問題解決ではなく,まずは自分の気持ちを聞いてもらったという実感を得ることだけがニーズの場合があるということです。この聞き分けも,リーダーの能力の一つなのです。

職員の側からすれば,共感的に深いレベルでの理解を得ながらしっかりと話を聞いてもらいたい,ということだけがニーズの場合もあれば,ここで自分がどのような問題提起をしているのかが自分では見えないから,自分が何を問題点だと感じているのかを他人に話すことで整理して明らかにしてもらいたいというニーズの場合もあります。あるいは,問題点は明らかだけど,それに対して具体的な対応策が取れないので,その具体的な対応策をご指導いただきたいという場合もあるし,具体的な対応策までわかっているけれども,

それが自分の立場ではできないから，主任や師長の立場でやってくれないかという場合もあります。

　責任感の強い，腕利きのリーダーほど，耳にした職員の困り事は何としても自分が解決しなければならないと思い込みます。職場の問題解決は私の責務なのだと強く思っているからです。そのリーダーとしての強みが，時に逆に作用することがあるということです。基本は，職員が話を持ってくる思いにはいろいろあるのだということを知った上で，しっかり聴いて，真のニーズを判断するというところです。

5 日々の行為の意味づけや根拠を明らかにしよう

　例えば「毎日毎日繰り返すおむつ交換に，何の意味があるのだろう」「どうして私ばかりがこの人のナースコールを受けて，用事を言いつけられなければいけないのだろう」「意識もない，ありがとうの一言も言えないこのおばあちゃんにとって，私が行っていることはどのような意味や結果をもたらしているのか」ということに職員が思い悩んでいることがあります。一緒に働くリーダーこそに，行うケアについての意味づけを平素からしてほしいのです。抽象的な理念だけ

LECTURE 5
コミュニケーションと教育的なかかわり方

ではなく，時には絵や図を用いたり，具体的な固有名詞や場面を用いたりして説明してください。

このような日常の中でリアルタイムに行うOJT指導は，立派な研修会に100回行くよりも，立派な本を100冊読むよりも，何よりも優れた職員研修だと思います。例えば，研修会の後なら「この前，講師がこういう話をしていたよね。皆いい話だと聞いていたね。それが今日の私たちの現場で起こったこのことなのよ」と目の前にある具体を示して教えてください。

「痴呆のお年寄りが徘徊をする。その徘徊には，どういう意味があるのかということを，お年寄りに寄り添うようにして考えることが大事だと本には書いてあったね。徘徊しながら，何で自分はここまで歩かなければいけないのだろう？ どうしたらいいのだろう？ と老人は思っていることがある。でもその思いは，あなたが今言ったように，私はこんな仕事をするためにここにいるのかな，いつまでこんなことが続くのかな，という気持ちと同じだよ。それが，意味を納得できないまま徘徊するお年寄りの気持ちそのものでしょう？ つまり，あなたは今，徘徊するお年寄りに対する共感を持ったのよ」

このように本や講演で優れた先人たちが概念として説明したことが，今ここに，あなたの目の前にあるのだということを，教えてください。

組織における「2:6:2」の法則 ❻

　組織には2:6:2の法則というものがあります。1つのチームに仮に10人のメンバーがいるとするなら，そのうち2人は何の指示をしなくても一生懸命勉強するし，前向きだし，積極的に仕事に取り組みます。この2人は放っておいていいということです。真ん中の6人は，声や態度の大きい方にふらふらなびく人たちです。そして憎きマイナスの2人です。こういう人たちは，会議の時は，寝ているのかうなずいているのかわからない態度で下を向いて首だけ動かしています。議事進行しているリーダーが「ほかに意見はないですか。ないんだったら決めますよ」と投げかけても意見はないので，「では決めちゃいます」と言ってことを決めます。そして「会議はこれで終わります」と言った途端，会議室から職員の下駄箱までの間に，この2人を中心に裏の第2会議が始まっています。そこでは「あんなことやれって言われても無理よ，やれないわ。決まったって絶対やらないからね」とか言っているわけです。そして下駄箱で第2会議が終わらなかった場合には，駐車場で第3会議が始まる。そこでしゃべって，しゃべって，しゃべりまくって，そこに

LECTURE 5
コミュニケーションと教育的なかかわり方

　参加しないで帰った人には，メールが飛ぶ，電話が鳴るということになります。すごい情報網を持っているわけですね。今のフロアよりもよほど組織化されているのではないかと思うぐらいネットワークが充実しています。しかも命令系統も確立されているのです。
　こういう組織には，陰の総師長とか，闇の寮母長という方が大抵います。この方々は，なぜ影の寮母長や闇の総師長になられたかと言いますと，KKDとGNPというのが非常に優れているからです。つまり勘と経験と度胸（KKD），義理と人情とプレゼント（GNP）です。これで彼女たちは闇の存在として生き延びていくわけです。
　さて，本来のリーダーである皆さんも，このKKDとGNPだけで生きているってことはないですか。以前はこれだけあれば何とかリーダーをやれるという時代がありましたが，今はそうではありません。辞令を交付された本来のリーダーにもう一つ何がいるのかというとセオリーです。きちんとした理論と，理論に裏打ちされた自分の看護観・介護観を持ち得ている人が真なるリーダーです。ですから，皆さんがこの方たちに振り回されるということは，理論立った看護観や介護観を持てていないということです。それが持てていないから，この人たちの言動にガタガタ揺れてしまうのです。ここでいう理論というのは，学問としての理

論だけではなく，今まで出会った職員やお年寄りから培わせていただいた看護観・介護観，そして経験や実績を根拠にした実践能力のことです。

ですから，皆さんには，本当の権力と権限と責任は私が持っていますということを，きちんと示していただきたいのです。

7 インフォーマルグループとの対決法

そうはいっても，この陰や闇の住人の存在は気になります。夜寝床に入っても，「はあ，またあいつらにこんなこと言われて，思い出すだけでも腹が立つ」と思いながら，眠れぬままにこの人たちのことばかり考えて，ようやくうとうとできたかと思ったらもう朝が来て目が覚めて，まず一番にこの連中のことを思い出します。「今日もあいつらは生きているのかな」とか。そして出勤途中だんだん施設が近づいてきますと，あいつらの臭いがするような気がします。そしていよいよ施設に到着して，自分の下駄箱なりロッカーなりを開けると，そいつらの顔が出てくるような気がしますね。こうなればほとんどとりつかれています。膨大な心身のエネルギーをここに使っているのです。

LECTURE 5
コミュニケーションと教育的なかかわり方

　心情的にはわかります。気になりますね。いらいらしますね。あいつらさえいなければ，と思いますよね。うっかり攻め込まれないように，時として迎合して下手に出たりもしますが，自分の値打ちが下がったような気がしますよね。だからと時に蛮勇を奮って威圧的に強気で出ると，途端に肩透かしのような態度を取るし，すったもんだの揚げ句これでようやく融合したかなと思うと，また忘れた頃に裏切り行為で攻めてきたりしますね。

　いいですか。よく考えてください。この人たちは何の責任も根拠もなく，ただ混乱の中心に，その操作コントロールに自分たちの力が注目されればそれでいいだけなのです。そんな人たちにいちいちエネルギーをたくさん使わないことです。無駄です。損です。意味がありません。何の成果もありません。それより私たちが本当にエネルギーを注ぐべきは真ん中にいる6人なのです。この人たちには，最後に自分たちを守ってくれるのは誰か，本当に正しいことは何か，ということがわかるように労力をかけるのです。陰の勢力に押されてリーダーがぶれてしまうと，この6人は余計に不安を増大していきます。そして陰の勢力になびいていくのです。なぜなら陰の住人はぶれませんから。ぶれないんですよ，彼らは。なぜなら，自分を振り返って自己点検したりしないからです。彼らのスタンス

は、自分にとっての不都合はすべてリーダーや周囲のせいで、自分たちはその被害者だ、というところなのです。ゆえに他者は批判しても自身を批判的に省みることはありません。なしくずし的な事の経過を見ながら、また次の混乱をむやみに引き起こすことを繰り返すだけで、本人たちは十分満足しているのです。彼らは解決を目標としているわけではありません。彼らにとっては、混乱の操作の中心が自分にあるということだけが大切なのです。

　繰り返します。リーダーとして、かけるべきエネルギーは真ん中の6人です。そのことを視点としてずらさないということが重要になってきます。

　しかしどんな職員であれ不平不満というのは、いったんは聴かなければなりません。その態度の大きさや、キャラクターの特殊性に、ついめまいがしそうではありますが、言っている言質をきちんと取る癖を皆さんは付けてください。

　「何を言っているのだろうこの人は」「この人がこのようなことを言うのはどういう気持ちからなのだろう」。または「この人が言っているだけならいいのだけれども、あの職員まで何か言い出しているな。いったいどういうことなのだろうか」というように不平・不満の背景・本質を読み取ることが大切です。

　これらの不平不満分子がブーブー言うのは、大抵は

LECTURE 5
コミュニケーションと教育的なかかわり方

自分が体を張って覚えた時空間が変更される時です。つまり，業務変更時ですね。そこに強い抵抗を示すわけです。

そのアプローチの方法としては，その不平不満が何を根拠としているのかということを，業務改善の重要なポイントとして読み取っていくことです。その人たちのキャラクターに振り回されずに，言っている内容をきちんと吟味するという力を，皆さん自身がお付けいただきたいということなのです。

不平不満は，大抵が心理的なものか，制度的なものかのどちらかを根拠として言っています。ものすごくもったいぶって，偉そうに，すべて見えているかのように言いますが，実は内容は大したことではなくて，例えば提案された改善を取り入れていこうという気が自分にはない。提案内容の意味がわからない。方法についていけない気がする。このような気持ちを表現するためだけに多くの時間を掛けて，大仰に言っているだけなのです。ですから，皆さんには不平不満分子が言っていることの本質を見極めていくという修練を積んでいただきたいのです。それが彼らに振り回されないために最も有効な手段です。それが心理的なものなのか，制度的なものなのかということを読み取りさえすれば，それに対して具体的に手立てを取ればいいだけのことですから。

どんなに個人攻撃を受けようと，どんなに横柄な態度を受けようと，そこで主張されている，いわゆる不平不満の言質はどこにあるのかを読み取る。そして，そのことについて継続的に責任を持って建設的に対応するのです。それが私の仕事ですという態度に一貫性を持たせることです。実はこれが陰の住人の一番困ることなんです。これはちょっと手強いなというように思わせることです。そして，このリーダーは本物だということがわかれば，あれだけの組織力を持つキャラクターの強い人たちなのですから，時として闇の住人たちはものすごく力強い味方になってくることもあります。ですから，事の本質を見極める力と，問題点が明らかになれば，具体的な手立てを，皆さんの責任と権限と立場を使ってやり通すということが，重要なのです。

8 「命令」の意味と「命令」の仕方

　さて，具体的な手立てをやり通す時に重要なのが，命令を出すということです。命令を出すのって皆さん苦手ですか？　命令というと，命令的な口調だとか威圧的な態度とかがイメージされますよね。嫌われそう

LECTURE 5
コミュニケーションと教育的なかかわり方

ですね。でも「命令を出して責任を取るのが私の仕事だ」と思ってください。そもそも命令を出せない上司など要らないのだから。

その覚悟をした上で，命令の出し方や言い方を，テクニックとして身につけていただきたい。命令の出し方には，言いつける，頼む，諮る，ほのめかす，募る，という種類があります。

そして，命令を出すポイントは「自分自身の言葉で話す」ということです。それから必要であれば文書にもします。そして明確な認識を持って1回の機会に完全に伝えきることです。つまり，一気に目的と意図を簡潔にビシッと伝えるということです。ぐだぐだと「ちょっと付け足しますけれど」「あ，先程こう言いましたけど」「このように誤解されては困るのですけれど」などと言わないでくださいよ。一つのことをきちんとわかりやすく相手に伝えるコメント力や表現力が必要になってきます。

例えば，命令に対する疑問や不安を職員が口にした時「私は事態をこのように解釈しています。ですから私の立場では，まずこのことから取り組んでいって，いずれこのようになってもらえればと思うので，必要な時は経過を見ながらこの点に注目して検証させていただきます」と言える力が必要です。

そして，「うーん，大変だけれどね，だけどこのメ

ンバーなら,このチームなら,皆で力を合わせればできるかもしれないよ」と,職員の興味や関心や集中を導き出す。この時に皆さんの後ろ盾になってくれるのは,利用者本人や家族の声です。「先日ご家族からこのような思いを承りました。私はこれへの対応を,今私たちがやらなくて誰がやるのだと思いました。だからこのフロアでこのことに取り組みます。どう,みんな?」という話ですね。

その対応が難しいものであるなら,職員は不安がりますよね。それでも「何とかしなくちゃいけないんだ」と時々は強く言い切らないといけません。そうしないと職員が揺れてしまいますから。

ああだこうだと先の心配を口にする職員に,「そりゃあ,いろいろあるでしょう。それには一つひとつ,対応はしますけれど,とにかく最初の一歩を踏み出さなければ何も変わらないでしょう。いいですね」ということを,時として毅然と言い放ってください。もちろん言い放つ前に,意思決定に悩む時には散々悩んでください。しかし,何日も何年も悩みに悩んで,結局何だったの? というようなことがないように。

先々どうなるかわからない。でも今これだけ皆と検討したのであれば,「これでやります。そして1週間様子を見ましょう。そしてこの点とこの点が心配であるのなら,来週この点について,皆ともう1回検討し

ましょう。方法は，A，B，Cといろいろあるけれども，まずは1週間このBでやる。その段階で再度検討して，もう1週間Bの方法で継続するのか，Aの方法に変えるのかは，その時決めさせていただきます」というように，メリハリのついた明確なコメントを，命令として出していただきたいのです。

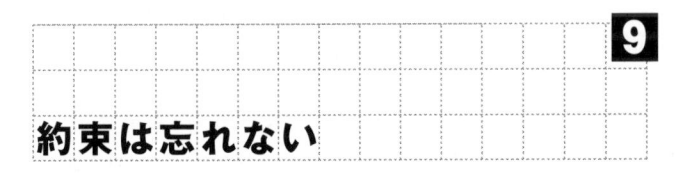

9 約束は忘れない

「約束を忘れない」というのは，あまりにも当たり前のようですが，実はよくあることなんです。主任の手のひらを見たら「君は耳なし芳一か」と思うくらいたくさん字が書いてある。手を洗ったらどうするのだろうかと心配します。要するに，リーダーはそれほどいろいろなことを頼まれるということですね。

しかしながら，頼まれたことのそれぞれは，皆さんからすればたくさんの中の一つかもしれませんが，依頼した本人にとっては「あなただからお願いしました」ということなのです。これに応えられないと，忘れられた，気にかけてもらえなかったという思いがずっと残ります。そうなるとその職員は，もう二度とあなたにものを頼みません。つまり，そのような小さ

なささいなことをきちんと聞き届けてやり通してくれないのであれば，もっと大きく複雑で大変な頼み事など，受けてくれるはずがないと思うからです。これは利用者やご家族であっても同じです。

❿ 時に無意識な感情を見せる

　日頃は，「仕方ないわね」とか，「いろいろお考えがあるからね，しばらく様子を見ましょう」と，温厚調和を旨とするリーダーの皆さんも，年に1回か2回は詰め所がひっくり返るぐらい無茶苦茶激しく怒ってください。

　例えば，医者が患者に失礼なことを言ったとか，職員がお年寄りに対してひどいことをしたとか，または大事な部下が事務長からけちょんけちょんにされた，などという場合です。

　とにかく，人が人に対して理不尽なことを行うということは，皆さんの職場ではあり得ないのですが，もしあった場合には，前後のいきさつや，立場や見栄や体裁を超えて，もう頭の先からつま先まで腹が立って煮え繰り返るというぐらいに怒っていただきたい。大きい声を出してもいいし，机の一つもたたいていいで

しょう。

「あんたたち，ちょっと1回集まりなさい。私の大事なお年寄りにいったい何したのですか。許さないからね」と大爆発してください。ただし時々ですよ。しょっちゅうやると駄目ですよ。やられる側も慣れてしまって，「ほーら，いつもの空爆だよ。空襲警報，避難，避難」みたいなことになりますから。

ですから，年に1回か2回，周りがビクッとするくらいに，烈火のごとく怒ってください。そうすると，そのことはあっという間に必ず施設中に広まります。まずは怒ったことが広がります。

「ねえ知ってる？　あの師長が怒ったってよ」

「そうだってね。あのおとなしい師長がものすごく怒ったって。机3回ぐらいたたいたそうだよ」

「机の上のペンスタンドが窓までぶっとんだってよ」

「窓ガラスがそれで粉々になったってよ」

で，次には何が原因で怒ったのかが話題になります。

「ねえ，ねえ，それっていったい何があったの。めったに怒る人じゃないのにね」

「それがさあ，聞いたんだけどさあ……」

というわけで，「お年寄りに先生がこんなことを言った」とか「職員が入浴介助の時に利用者にこんなことをした」あるいは「新人が一生懸命，緊張しながら事務長にお願いにいったら最初っから相手にもしてもら

えなかったって聞いて……」というように話は広がっていきます。

　そしてそのことによって、あのリーダーはこういうことに対して、こんなふうに怒る人なのだ、つまりは、こういうことはここでは絶対しちゃいけないことなんだ、やっぱりこうしなきゃいけないんだ、ということが、何万回の会議や訓示や説教よりも、雄弁に浸透していくというわけです。

　リーダーは日頃、協調を旨として意識的にその言動を自ら調整しています。その態度は重要です。が、時に職員たちは、その人物の無意識にふれることによって安心を得ます。思わず怒る、泣く、笑う……その無意識の言動を知ることにより、そのリーダーも人間なんだと感じ、日頃の意識的なかかわり方と合わせて"私のリーダー"という全体像をつかむわけです。"あのリーダーは何を考えてんだか、どんな人だかわかんない"というのはリーダーとしての魅力に欠けるということなのです。

　というわけで皆さんも、たまにはドッカーンとどうですか。いざという時のために迫力ある怒鳴り方の練習もしておいてくださいね。

LECTURE 6

問題解決能力を高めよう。

問題解決能力とは何かを伝えていく ①

　私がアドバイザーとして参画した施設でこういう問題がありました。そこでは入浴が午前中のみなので，混雑してしまい，ゆっくりしたお風呂が提供できないのです。だから協力的でない老人に，誘導や洗体を急いでもらうにはどうしたらいいかという問題です。私は職員に聞いてみました。

「利用者にはゆっくりとお風呂に入ってもらいたいよね。だったら午前と午後に入浴するようにしたらどう？　絶対に風呂が12時過ぎたらだめなの」

「だめです。12時にきっちり入浴を終えて昼食にしないと，厨房の人から怒られます」

「ふーん。じゃあ，入浴が午前中のみなので混雑してゆっくりしたお風呂を提供できないことが問題なのか，12時に風呂を終わらせねばならないという，この施設内のシステムが問題なのか，どっちなの？」

「……」

「ねえ，本当に大事な問題はどっちなの？」

「ゆっくりしたお風呂を提供できないということです」

「じゃあ，それが問題だとしたら，克服すべき因子は12時にお風呂を終了しなくてはいけないという厨房

LECTURE 6
問題解決能力を高めよう。

との交渉，折衝の問題でしょう」

「あ，そうですね」

まず大事なのは，現象をあるがままにとらえる。そして，そのことの何が問題なのかを明らかにする。そして，その問題は誰の問題なのかということをはっきりさせる。問題を解決できるのはその問題の当事者のみだからです。

先に示した例でいうと，問題の当事者は入浴誘導する職員とそれに対して非協力的（言うことをきかない）な老人ではなく，介護主任と厨房の主任ということになります。このように問題の構図を明らかにすることを，問題解決能力といいます。

そして，看護・介護の現場で特筆すべき点は，解決できない問題があるということです。それは人が老いることや死ぬことです。老いること，死ぬことというのは，人間がどんなに思いを込めても，祈りをもってしてもかなわないこと，つまり自然ということです。私たちの現場ではこの解決できないことと向き合う力，自然と向き合う力としての問題解決能力が必要です。解決できないことと向き合うのは時につらく，悲しく，やりきれないものですが，そこから私たちは目をそらさない，逃げないという力が望まれています。

2 職員間のトラブルを いかにして解決するか

　仲の悪い職員っていますよね。夜勤なんか絶対組ませられない「混ぜるな！　危険」みたいな職員です。それが1組ぐらいならまだいいのですが，2組，3組と出てきますと勤務表も組めません。「いいかげんにせいよ」と言いたくなります。

　その原因のほとんどは，ご本人たちのキャラクターが異様に強いということです。トラブルになった際には，そのキャラクターに振り回されることのないようにして，原因や因果関係を正確に読み取ってください。要素は，①誰が，②どのような状況から，③何のために，④何が起こったのか——の4つです。

　さて，こういう人たちに対して，私が時々やるのはこんな方法です。

　ある日の全体会議で話が終わった頃に「もう1つ，私の方からいいかな」と切り出して「Aさん，Bさん，立ってください」と指名します。2人の仲が悪いことは周知なので，メンバーはそれだけでどきどきしています。そこで，「あなたたちは仲が悪いと聞いたが，どうして仲が悪いんだ」と，すこんと聞くわけです。メンバーは「ヒエーッ，なんてこと言い出すのよ」な

LECTURE 6
問題解決能力を高めよう。

んて動揺して場がシーンとします。こういう問いかけはリーダーにしかできない特権みたいなものだから，ケロッと聞いてやります。そして「私にはそうも見えないんだけど，仲悪いんだってね。何で？」と続けます。聞かれた2人はどぎまぎしながらも，

「い，いえ，別に仲が悪いなんてことはないですけど……ねえ」

「え，そ，そうですよね。別に仲が悪いなんて……ほほほ」

「あ，そう。じゃあお互い好きなんだね」

「いや，好きとか嫌いとかっていう，そういうのじゃなくて」

「職場の仲間だし」

「そうそう，そうですよ。ねえ」

「そうそう。ねえ」

なんてことになります。ただしこの技はウルトラC難度なので緊張度は高いと思いますけど，大人のレクリエーションとして，たまにやってみられてはいかがでしょうか。

誰でも知っているけど，誰も口に出して言えないという種類の，職場の皆が知っているタブーみたいなものを明らかにする。これは，問題の本質を根本から解決することにはならなくても，なんだこんなくだらないことに振り回されていたんだと周囲の人間の気持ち

を楽にすることはできます。はまれば職場の雰囲気が結構変わってきます。

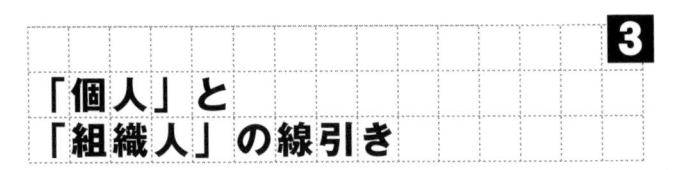

3 「個人」と「組織人」の線引き

　ここで大事なのは，この4つの要素を読み取ったところで，個人として世話を焼くのか，中間管理職として指示をするのか，ということをリーダー自身が自分で決めるということです。そして，決めたらとことんそれで通してください。ここがぐらつくから余計に問題がこじれるのです。

　例えば，あまり活発に仕事をしない職員がいて問題になっているとします。その人に関して「確かに動きは悪いけど，実はあの人，家に病弱な姑がいてね，深夜も介護しなきゃいけないらしくて，本当にお気の毒だと思うのよ」という状況だったら，最後までそれで通せよということです。途中で急に中間管理職面して「やっぱり，いろいろ事情はあるんでしょうけど，出勤された以上は，役割を果たしていただく責任があなたにはあるのだから，もう少しきぱきとやってもらわないといけません」などとその人を見るスタンスを変えるから，その人も混乱するしほかのメンバーもあ

LECTURE 6

問題解決能力を高めよう。

なたを信じられなくなるのです。

　たとえ鬼といわれようとも，中間管理職として筋を通すと自分で態度を決めたなら，それで通してください。「いろいろな事情があることはわかる。だけれどもあなたがここの職員として出勤された以上，どのような事情があろうと，皆と同じように仕事していただきますよ」と。しかし勤務に当たっていくつかの不利があることを事前に聞かされているなら，そこはほかのメンバーの創意工夫と配慮で補う手段を考えて事前の説明により，現場の合意を得ていればいいのです。そしてそのことを次のように伝えてください。

　「あなたにここでこの先も勤務していただくことは私にとっても重要なことですから，あなたの勤務状況についてメンバー全員で配慮をさせていただきます。あなたはそのことで卑屈になる必要はありません。ただし，配慮されていることについて，感謝の気持ちを持ちなさい。そして，いずれあなたにサポートを求める後輩たちがやってきた時に，今の感謝の思いをその人たちにしっかり返してちょうだいね」と。

　個人的に世話を焼くのでしたら，時間外にきちんと個人的にお世話を焼いてください。平素は「物わかりのいい人」として接していながら，管理者として自分が行き詰まった途端，豹変して突如「鬼」になるというのが，職員が最も嫌がる管理者のタイプですから。

4 「意見の違い」をいかにまとめるか

　ある日の会議でこういうやりとりがありました。
「ご家族が毎日の入浴を望まれています」
「床擦れがあるから毎日入浴した方がいいと思います」
「だって，ほかの人は週2回じゃないの。この方だけえこひいきするのはおかしいと思います」
　さて，あなたならどう答えますか。
　ぜひ「えこひいきしましょう」と言ってください。公平・平等と画一は違うのです。「80年も90年も生きてきたお年寄りが50人，100人の単位で目の前にいるのです。それを全員同じように取り扱うというのは画一の極みであって，一種の暴力だ」と，はっきり言ってやってください。
　このケースでは，ご本人もご家族も長くショートステイの利用を拒否し続けていました。しかしケアマネが，このままでは双方共倒れになるとアセスメントし，頭を下げてショートステイを勧めました。必要だったからです。その時に家族から出た条件は"毎日入浴させてほしい"ということでした。これでサービスに対する信頼が得られるなら，私たちは応えなければなりません。在宅生活の継続という目標のためにです。で

LECTURE 6

問題解決能力を高めよう。

きてしまった床擦れは自分たちで治すというのは当然の対応です。どんなにすぐれた床擦れ処置も，清潔と栄養の充足がなければその効果は低いのです。その利用者にとって"毎日の入浴"は必要なことなのです。必要な人に望まれることを一人ひとりにしっかり実施する。これが"えこひいき"です。

　利用者が全員同じ髪形をしているような施設がたまにありますが，嫌ですよね。髪形くらい好きなようにさせてやってほしいと思います。

　「だって，みんな同じ髪形にしないと公平じゃないと思います」って言う人がいるかもしれません。いたら遠慮なく「何言ってるんだ，おまえは」と一喝してやってください。

　本当の公平・平等というのは，「どのような方が，どのような時でも，本当にお望みであれば，お困りであれば，私たちは必ずそれをかなえていこうとするし，お応えしようとします」というものです。すべからく同じように取り扱うのは単なる画一性であって，看護や介護が最も嫌うべきことなのだ，ということを明確にしてください。同じ時間に行わなければいけないとか，同じ回数やらなくてはいけないとか，同じ方法でしなくてはいけないと，そこにばかりこだわると収容所と同じです。「ここは刑務所じゃない，生活支援の場だ」と言い切ってください。

極端に言えば、ケアプランとサービスプランというのは、えこひいきと特別扱いのことです。徹底的なえこひいきと特別扱いを、介護保険法という法律に乗せて合法的に行うのが、私たちのケアサービスなのです。
「この一人のおばあさんを徹底的にえこひいきしよう」
　これを公明正大に宣言したのが、ケアプランとサービスプランなのです。ただし、法人全体でたった一人のおばあさんだけを特別扱いにすれば、それは犯罪です。
「どうしてこのおばあさんの希望ばかりをかなえるのですか」
「そんなの当たり前です。理事長のお母さんだからです」
　これはもう犯罪ですね。そうではなく、私たちの施設に1日でもお泊まりいただいた方、私たちの通所に1度でもいらっしゃった方、私たちの事業所に1度でもご相談のあった方は、全員特別扱いをさせていただきます、ということです。それが私たちの立場だということです。このことをリーダーが、明確に位置づけてください。

LECTURE 6

問題解決能力を高めよう。

5 思いと技術の アンバランスを調整しよう

　思いなきところに技術はありません。技術なくして思いを果たすことはできません。この職業を選んだのは「お年寄りにこうして差し上げたい」「こんなケアをしたい」という思いがすべての発端でした。しかしながら残念なことに，その思いを果たすだけの技術がありません。だったら，それを具体的な研修意欲に換えてあげてください。

　「あなたのその思いを果たすためには，トランスファーの技術を向上させなきゃね」「この病気について，最低限の正しい医学知識も持たなくてはね」「痴呆と呼ばれている方がどうしてこのような行動を取るのか，もっと詳しく知らないといけないね」というふうに。

　若い人たちは自分が仕事にかける思いを果たすために，いったいどのような技術が必要なのかということがわからないのです。繰り返しますが，思いなきところに技術はありません。そして，技術なきにして思いは果たせられません。思いを果たすための技術ということを示さなければならない時があります。

　勉強家の職員が排泄委員長になり，チェック表を作成し，継続観察し，排泄パターンをつかむ，パターン

どおりの誘導もきちんとする。しかし，おむつはただ一人も外れない。そういう時には聞いてみてください。「あなたには，このお年寄りのおむつを外したい，と思うような大好きなお年寄り，気になるお年寄りがいますか？」と。「この人のために」という思いがなければ技術は意味を持たないのです。どちらが先とか後とかいう問題ではありません。思いと技術は，必ず看護・介護の現場ではセットだということです。

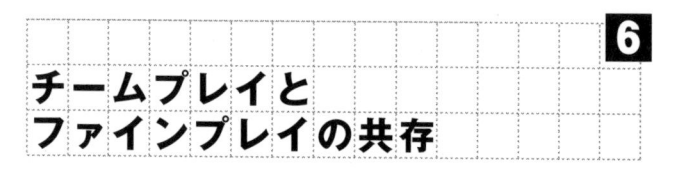

6 チームプレイとファインプレイの共存

一人のお年寄りにすごくいいケアをして，本人や家族からも感謝される職員がいます。そのことはしっかりと認めてあげてください。しかし忘れてはいけないのは，「あなたがこのお年寄りにこれだけ一生懸命かかわれたのは，ほかのお年寄りを見てくれたチームメンバーがいるからよ」ということです。チームプレーとファインプレーが一つのチームの中にはあるのだということです。

「うちの施設では，数をこなせる人が，仕事ができる人ということなんだ」とか，「あの人，一人の利用者にかかりっきりでほかのこと何にもしないのに，そ

LECTURE**6**
問題解決能力を高めよう。

れで褒められてさ，いいとこ取りじゃん。ずるいよね」とか混乱させないようにしてください。仕事としてのケアにはその両方が必要なのです。

個々のケアスタイルの違いはチームの底力 **7**

　チームのメンバーにはいろいろなタイプがいますよね。本当に目が回るくらい忙しいのに，どうにも，のたりのたりと動いているカタツムリタイプがいます。それでも本人としては急いでいるらしいのです。"カタツムリただいま全速力でございます"っていう感じです。

　ところが，そのような人に限って，お年寄りから「ちょっとお姉ちゃん，ちょっと，ちょっと」と声をかけられて捕まるんですね。ほかのメンバーが疾風のように駆け回る中で，この人だけはのたりのたりと動いているので，お年寄りの動体視力に視認されやすいわけです。ほかのてきぱき型の職員が，お年寄りの目に留まらない速さで動いている中で，しっかり視認される職員もいる。または，企画・立案が得意で行事をやらせるととても上手にやり通すタイプ。小さなことが気になって一つひとつをていねいに指摘し業務改善

していくタイプ。例を挙げれば、きりがないくらいですが、いろいろな利用者がいらっしゃるのですから、いろいろなタイプの職員がいるということも大切にして、そのことをチームの底力にしていきましょう。

8 中間管理職としての，上司への接し方

いくつか要点を挙げておきます。
① その問題がなぜ「問題」なのかの根拠と，構成を明らかにして，自分なりの解決策を考え，必要ならば事前の根回しの結果を持って，イエスかノーかを判断すればよいというような形で上司に提出する。
② 上司は，このようにしたらよいとの「答え（具申）」を受けるべきで，どうしますか，との「問い」を受けるべきではない。
③ 自分のこの案に自分が上司の立場にあるとしたら，自分の地位も名誉もすべてそれにかけることができるものかどうかを考える。

皆さんは日頃，新人から「えっと，えっと，何と言っていいかわかんないけど，どうしたらいいんでしょう？」というような相談を受け「それはね」と言いな

LECTURE 6

問題解決能力を高めよう。

がら答えを返しておられると思いますが,よもや中間管理職が上司に向かって,「えっと,えっと,どうしたらいいんでしょうか」というようなことは言わないでくださいよということです。

　大事なのは,「このような問題点が挙がっております。この原因については,私はこのように分析しておりますので,対応策としてはA,B,Cの3つが考えられます。私はBがよろしいかと思いますが,いかがでしょうか。はい,いいえでお答えください」というように,問題点と解決策を提示して意思決定を求める,というのが上司に対する中間管理職の態度だということです。

　それでも,上司がまるで思いつきかのようなとんでもない返答をするようなことがあります。その時は,中間管理職である皆さんと上司の間で,問題の前提にずれがないかということを考えてください。そのアセスメントの結果を踏まえて,お金で対処する人にはお金で,法律の人には法律,社会的体裁でくる人にはその体裁というように,相手が最もこだわっているところから,問題提起のスタイルを変えて現場に必要な決断を引き出すのが,中間管理職の仕事です。

部下の問いかけに答える方法 ❾

　ここでは、部下が話しかけて来た時のリーダーとしての答え方を、例を挙げて示します。部下の発する言葉が持つ真意を汲み取り、的確に答えを返す練習です。

①「一体全体，排泄チェック表の管理は誰の仕事なんですか（怒）」

　ある日「一体全体，排泄チェック表の管理は誰の仕事なんですか」と職員がぷりぷり怒った様子で聞きに来ました。あなたはどう答えますか？

答え方

　「排泄チェック表の管理は排泄委員会の仕事でしょ。当たり前のことは聞かないの」
というようなことを言ってはだめですよ。この職員は，そんなことは百も承知で，あえて当たり前のことを聞きに来たのです。その時の答え方は，
　「排泄チェック表の管理について，排泄委員会の仕事をやりにくくさせている何かがあるのね」
というものです。

あえて当たり前のことを聞きに来た時には，それ相当の訳があるはずと考えます。その訳を確認し，業務改善に向けた話し合いのきっかけとします。

②「今度の新人ケアワーカーたちは，随分伸びがいいと思いませんか（嬉）」

職員がにこにこしながら「今度の新人ケアワーカーたちは随分伸びがいいと思いませんか」と言ってきました。あなたはどう答えますか？

答え方

「そうね，今年の新人はそろって質がいいようね」と返しますか。しかしこれではだめなのです。この職員が褒めてほしいのは，実は新人ではありません。

「確かに伸びが早いね。新人教育プログラムが改善されて，中でも，あなたが提案した実技指導が特によかったみたいね」

褒めてほしいのは自分たちがつくった新人教育プログラムなんです。そして，この時に「あなたが提案した」ということを強調して言う場合と言わない場合があります。

「いやあ，あんたが実技指導を考えたってね。それが大受けじゃん。新人たちも目をきらきらさせてたっ

てよ。やっぱあなたが考えたのはおもしろいね」
というように，個人の手柄を強調する場合と，逆に，
　「今年はね，実技指導が良かったって，新人たちが繰り返し私のところにわざわざ言いに来るんです」
　「ああ，そうですか。それはよかったです。入浴委員会もすごく頑張っていましたからね」
と，これで終わらせる場合。この場合でも，この職員は心の中で「本当は，あれは私が考えたんだ。師長さん知らないかもしれないけれど，でも見るところは見ている人なんだな」と満足します。こういう職員は根がシャイなので，あまり露骨に褒めると居心地悪そうにしますからね。
　このように褒め方は，タイプによりますから。あからさまに固有名詞を出した方がいいのか，そうではない方がいいのかは，その職員のキャラクターに合わせてご判断ください。

③「師長は主任のやり方でいいと思ってるんですか（不安）」

　ちょっと悩んでいるような顔で近づいてきて「師長は主任のやり方でいいと思っているんですか」と言いました。あなたならどう答えますか？

LECTURE 6

問題解決能力を高めよう。

答え方

「いいんじゃないの，問題ないわよ。主任さんだってあんなに一生懸命なんだし。提案してまだ間もないでしょ？　なかなかうまくいかないこともあるようだけれども，あなただって協力してあげてちょうだいよ」と言ってしまうとだめなんです。この職員は主任と対決したいのではないのです。まじめな職員なので，主任のやり方について師長と協議したいのです。その思いを察してこのように返してください。

「あなたには何か案があるようね。それを聞かせてもらえるかしら」

主任が，新しい案を提案し，現場で実践してみました。しかし，決してうまくいっているとは言えません。今ここで私が修正や改善の提案をすると，主任を傷つけるのではないか，恥をかかせるのではないか，皆が混乱するのではないか，もしかしたら私の提案には間違いがあるのではないか，というようにこの職員は考えたのです。この職員は，主任の取り組みについて真剣に考えたからこそ，次の提案ができるところまで来ているのです。主任が一生懸命だからこそ言っていいのか悪いのかを迷って，一つ上の立場の人に相談に来たのです。そこを読み取ってあげないと，対立しなくていい２人が対立してしまうことになります。

LECTURE 7

あなたのチームを まとめあげるために

業務改善の出発点は 「足が床について前かがみ」 1

　業務改善を進めていく時には，現場の全体像をリーダー自身が把握しておかなければ，現場は混乱します。

　ここでは，ケアの主要素である食事，排泄，入浴に関する業務改善の進め方について考えます。現場では「何から手をつけていいかわからない」ということも多いと思います。それに対するアドバイスとして，私は「姿勢，動作，行為，活動」の順に，具体的な改善を進めていくよう伝えています。

　姿勢の基本は「足が床について前かがみ」です。まず食事の際に利用者の姿勢が「足が床について前かがみ」になっているか点検してください。この姿勢をつくるためには，その人のひざから足の下までの寸法を測って，それに合ったいすを準備します。1つの食堂に概ね3種類，多くて4種類のいすがあるはずです。適したいすがない場合には，クッションを使うなどして工夫してください。

　業務改善といっても大げさなことではありません。業務改善と聞いて，何か大掛かりな大改革をイメージして，何から手をつけていったらいいのかわからない，と途方に暮れる思いがあるなら，まずは，目の前

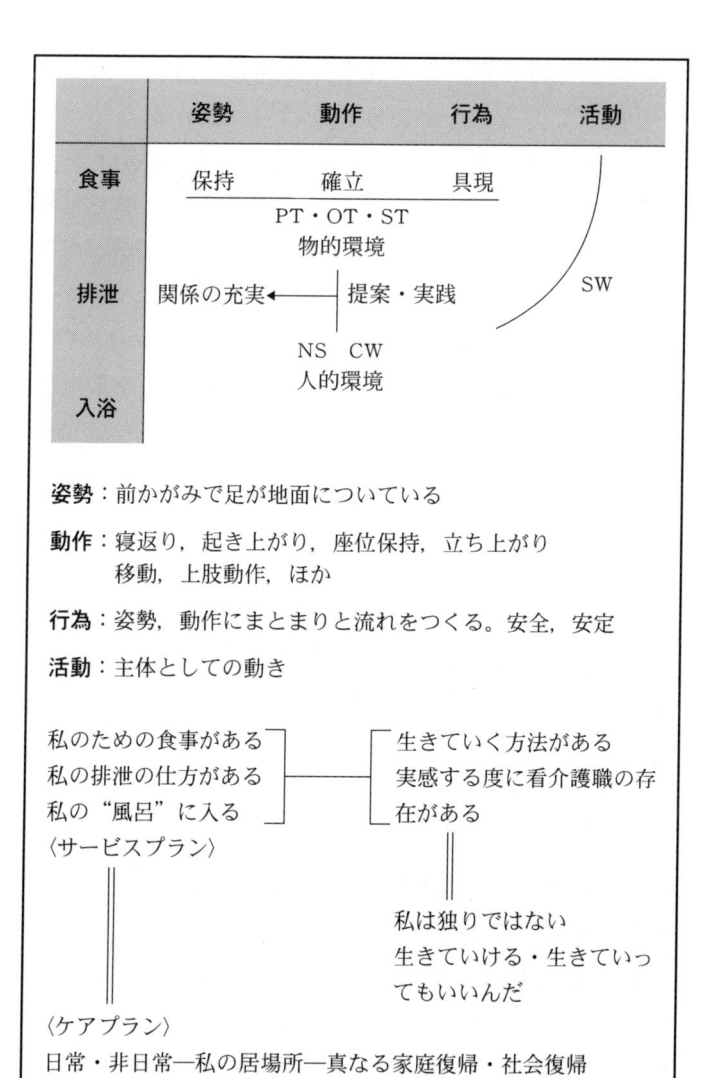

LECTURE 7
あなたのチームをまとめあげるために

	姿勢	動作	行為	活動
食事	保持　　　確立　　　具現　　　　　　　　　SW				
	PT・OT・ST				
	物的環境				
排泄	関係の充実 ← ｜提案・実践				
	NS　CW				
	人的環境				
入浴				

姿勢：前かがみで足が地面についている

動作：寝返り，起き上がり，座位保持，立ち上がり
　　　　移動，上肢動作，ほか

行為：姿勢，動作にまとまりと流れをつくる。安全，安定

活動：主体としての動き

私のための食事がある　　　　生きていく方法がある
私の排泄の仕方がある　　　　実感する度に看介護職の存
私の"風呂"に入る　　　　　在がある
〈サービスプラン〉

　　　　　　　　　　　　　　私は独りではない
　　　　　　　　　　　　　　生きていける・生きていっ
　　　　　　　　　　　　　　てもいいんだ

〈ケアプラン〉
日常・非日常―私の居場所―真なる家庭復帰・社会復帰

"現場"の全体像

にいるお年寄りが，ちゃんと足を床につけて，前かがみで食べているか，足を床につけて，前かがみで，排泄をされているか，そして，お尻をつけてかかとを浴槽の床につけて，日本人として当たり前の姿勢でお風呂に入っているか，そのことをまず確認してください。そしてそれがなされていない人がいれば，まずはその姿勢から確実に改善していってください。

　動作に関してですが，例えば食事動作一つを取っても，寝返って，起き上がって，腰かけて，足を床につけて，そして車いすに乗り移るか杖を使って食事をする場所に移動し，着席して，前かがみになって，スプーンを握って，料理をすくって口に運び，噛んで飲み込む。これだけのことが食事動作です。これらの動作すべてができない人は，いわゆる生活支援の場では数は少ないと思います。ならば，先に挙げた動作の，何ができて，何ができないのか，ということを個々に明確にし，できないことをサポートします。例えば，スプーンが握れないのなら，スプーンの柄を工夫する，右手が麻痺して口まで運べないのなら，そのことを介助する，などです。

　しかし，動作というのは場面ごとの"点"ですから，それらを一連の流れのある行為として具現しなければなりません。寝返りを動作としてはできるが，マットレスの硬さがあまりに軟らかければ，実際には

LECTURE 7
あなたのチームをまとめあげるために

寝返りはできない。ならば寝返りができるように環境を整える，ということが必要になってきます。

このように，姿勢を保持し，動作を確立して，一連の行為が行えるようにするためには環境整備は必須となります。手すりの位置，いすの置き方，ベッドの硬さ，というような物的環境の整備です。

この物的環境整備を最も得意とするのが，PT（理学療法士），OT（作業療法士），ST（言語療法士）たちです。もちろん，PT・OT・STのいないところでは，NS（看護師）やCW（ケアワーカー），SW（ソーシャルワーカー）たちが取り組んでいます。

彼らの提案を受けて，看護師やケアワーカーが，あの手この手で利用者にアプローチします。

例えば，昼間独居の老人がいるとします。

「昼間，どうしても自分で動こうとしてしまうんです。自分では歩けるつもりなのですが，この間も転倒していました。でも寝たきりにはしたくないのです」

「じゃあ，ベッドから食卓までどうしましょうか。立って歩くと転んでしまうし，かといってじっと寝かせておくわけにはいかない。となるとナイロンの安い座布団かなんか買ってきてもらって，そこにお年寄りに座ってもらって，持っている杖で，船頭さんが舟をこぐみたいにして動いてもらうのはどうかしら」

そんなふうにして，畳の目を滑りやすい方向にそろ

えるように畳を並べ替えて、実際に老人に動いてもらうと、今度は目が揃いすぎていてかえって転んだりする。じゃあ、ここは1枚だけ向きを変えよう、とかすったもんだするわけです。これが環境整備です。

2 直接処遇者の すごみ・生の肯定

いろいろな職種が知恵を絞って、すったもんだしながらようやく整備した環境の中で、あるおばあちゃんが、ついに自力で排便できたことがありました。

本当にありとあらゆる知恵と工夫を持ってかかわって、ようやく出たうんこです。職員にとっては黄金のうんこです。感激して、ポータブルのバケツを手に、詰め所に走ってくるんです。

「出た、出た、出た、うんこが出た」と。

こういう場面で大事にしてほしいのは、その人のうんこを見て嬉しいということは、その人が生きていてくれて嬉しいということと同じだということです。

ここが、直接処遇者たちのすごみなのですね。その人のうんこを見て「この人が生きているということが嬉しい」と思えるすごみです。おばあちゃんが、あごまでお風呂に浸かって、「ああ、さっぱりした」とつ

LECTURE 7
あなたのチームをまとめあげるために

ぶやいた時,「ばあちゃんがさっぱりしたら,私までさっぱりしたような気がするよ」と思える直接処遇者たちのすごみなのです。直接処遇者たちは,こうやってお年寄りにどんどん近づいていくわけです。

　うんこが出て嬉しい,ごはんを一口食べてくれて嬉しい,お風呂でさっぱりしてくれて嬉しい,と言える職員がいるということは,お年寄り側から見ると,たとえ目が見えなくても,耳が聞こえなくても,手足が不自由でも,自分の食事がある,私の排泄がある,おれの入浴がある,ということです。言い換えれば,どんなに不自由であっても,自分には生きていく方法があるということです。そして,そこには直接処遇者たちの存在があるのです。

　さらに言えば,生きていく方法を自分で体験するたびに,直接処遇者の存在を実感することができるということは,お年寄りにとっては「おれは一人ではない」「私は一人ぼっちではない」ということと同じです。一人ではないということは「生きていける」「生きていってもいいのだ」ということです。ここで沸き起こるのは,決定的な生の肯定感なのです。「ここにいてもいいのかな。どうせ邪魔だと思ってるんだろうな。もはや生きていたって死んだって,どっちだっていいんだ」と思っていたお年寄りたちが「生きていっていいんだ」という決定的な生の肯定感を持たれる。これ

が主体性の再獲得といわれるものです。

そして,これができるのは,直接処遇者たちだけなのです。

これらのことは,このお年寄りと直接処遇者,つまり皆さん方の部下ですが,この両者の出会いがあってこそ成立します。これらが集団となっているのが,皆さんのチームなのです。だから「一人のお年寄りに巡り合う」ということに主眼を置いて業務改善を行います。その結果,職員が一人のお年寄りに巡り合う。お互いに,"職員""利用者"という記号ではなく,大好きなおじいさん,気になるおばあさんというように固有名詞を持ち,"あなたと私"という関係がつくり出されるのです。

では,そうやって手づくりされた職場環境・現場で,職員は何を得ていくのでしょうか。それはお年寄りたちと全く同じです。「私はここで働いていていいんだ」「この仕事を続けていくんだ」という働き続ける意味,介護を仕事とする肯定感です。介護は相互性ですから。

逆にいうと,そわそわした不安な目つきの新人たちは,肯定感が持てていない,自分の居場所を職場や仕事に見出してないということです。この新人たちが自分の居場所を見出すために,リーダーがかかわっていくわけです。その結果,居場所を見出した新人たちは,

LECTURE 7
あなたのチームをまとめあげるために

お年寄りにも居場所を見出すためのかかわりをおのずと行い始めるのです。

　老いることや身体が不自由になることは、時としてある種の悲しみではありますが、決定的な不幸ではありません。最も不幸なのは、老いることや身体に障害を持つことをきっかけに「私はここにいてもいいの？」「あなたと一緒にいてもいいの？」「これ以上生きていてもいいの？」と自分の生に疑問を持ち、そしてそのことを問いかける相手さえ見失うことです。これが人間にとっての最大の真なる不幸です。

　私たちのサービスを一度でもご利用された方に決してそのような思いをさせはしない。「ずーっと一緒だよ」「あなたはひとりじゃない」というメッセージを、時間・空間そして意識・言語を超えて、日々の食事や排泄、入浴の場面で直接伝えていく。それが直接処遇者たちなのです。そしてリーダーはこの直接処遇者たちを守ります。そのためにリーダーがいるのです。お年寄りと職員が巡り合う、その職場を、その職場環境を手づくりし、守り抜くのが、中間管理職なのです。

3 「生きていて良かった…」失くした主体性の再構築

　私たちのサービスを利用されているお年寄りのほとんどは，家庭や社会からいったん排斥されました。理由は，目が見えないからです。自分の排泄の始末がつけられないからです。自分の息子の顔がわからないからです。だから，彼らはいったん社会から排斥されました。目が見えないとか，手足が動かないとか，息子の顔がわからないということは，その人が年を取ったり障害を持ったことによる，あるがままの自分によって表現されたことです。そのことを理由に排斥されたということは，その方にとって，自分自身が認められなかったという過酷な体験をしたことになります。この時点で亡くなられる方もいます。

　しかし，皆さんの目の前にいらっしゃる方は，それでも生き延びてきた人たちです。あるがままの自分を受け入れてもらえなかったために，主体を崩壊させ，人間として扱われずとも，生きてきたのです。おむつなどつけるぐらいなら死んだ方がましだ，と思っていたのだけれど，ぼうっとして「あー」とか「うー」とか言いながら，おむつを受け入れました。自分の孫より若いような職員から「おむつをつけてください。規

LECTURE 7
あなたのチームをまとめあげるために

則ですから。出たらナースコールをして教えてください」とたたき込まれ「ああ、また失敗したね」となじられながら生き延びてきたのです。なぜそんな状況でも生きてこられたのでしょうか。それは主体性を崩壊させてきたからです。

 おかゆの上に、素材が何かもわからないくらいに刻まれたおかずを投げ込まれ、薬までかけられ、とても食べ物といえないようなものを、職員から「早く食べなよ」と動物にえさをやるように与えられてきたのです。それでも生きてきたのです。裸同然の姿で並べられ、待たされ、横たわり、人からのぞきこまれる。そんな入浴をしてきました。主体性を崩壊し、生活を手放しながらも、生命だけは守ってきました。そういう方が、皆さんの目の前にやってきました。そして、皆さんは生活再建という主体の再獲得を、より具体的な「日常」という場面で手づくりしていきます。それが、生活支援の場の直接処遇者たちを中心とした、私たちのチームです。

 よもやそれを、1日3回、避難訓練のように、利用者を食堂にどんどん運び込んで、机にばんばん挟み込んで、手裏剣のように食事を配りまくりますか。お年寄りをもう1回生きていても仕方ないような情けない目に遭わせますか。生命だけは守ったお年寄りの、残された生活を決定的に取りつぶして、これでもかとさ

らにおとしめる仕事をするのですか。
　このことをリーダーがしっかりと考えておかなければ、業務改善は正しい方向に進みません。
　お年寄りは思います。
「ああ、座ってうんこしたらすっきりした」
「おれの好物をよう聞いて、手間かけてつくってくれたなあ」
「あんたが一緒だから、今日の飯はうまいなあ」
「こんなにゆっくり風呂に入ったのは久しぶりだ。気持ちよかったなあ」
　私たちの仕事の意味をお年寄りが表現すると「年を取るのはしようがない、誰でも年は取る。体が不自由になったのは、少し運が悪かったな。でも、ここに来て、あなた（職員）と会えたことは本当に良かったと思うよ」ということです。
　あるがままの自分でもう一度生きていこう。そして「生きていて良かったな」というこの思いを、お年寄りも、私たちも共有すること。そのために大仕掛けがいるわけではないのです。必要なのは、ゆっくりお風呂に入ってもらうための気遣いだったり、すっきり出せるうんこだったり、口に持っていくスプーン一匙の加減なのです。

ストレスに
強くなる。

番外編

職員との間に発生する ストレスへの対処

　人は誰も同じではありません。年齢も違うし，経験も違う。考え方も，感じ方も違う。しかも，それぞれが昨日と今日でまた違う。まったく定型化はできないのです。ならば，リーダーとしてそういう人たちにどうかかわるのか。それは，あなた自身が「私はリーダーとして，こういう介護がしたいのだ」「こういう介護をするために，自分がリーダーとして責任を取るのだ」と，自身の介護観と立場を明確に打ち出すことです。それがなければ，職員との間に発生するストレスは永遠に続きます。

　私よりも，もっと良いリーダーはいるだろうし，もっと良い介護の方法があるかもしれない，そういうふうにあなたは思うかもしれません。しかし，あなたが今までに巡り合ったお年寄りや，職員から培われた「信念」，この言葉が重すぎるならば「こだわり」とでもいうべきものを，あなたの言葉で全面的に打ち出すことが大事なのです。そうすれば，それに共感した職員は職場に残ります。

　逆に，それは違うと思う職員は辞めていきます。でもそれでいいのです。いいというのは，職員も，納得いかない看護観や介護観の下で働く必要はまったくな

番外編
ストレスに強くなる。

いということです。職場はいくらでもあります。それぞれが、自分自身の看護観や介護観に合った職場を選べばいいわけです。

　あなた自身があなた自身の介護観を明確に打ち出せば、自分自身の介護観が定まらずに漂いながら働く職員はいなくなります。仮に介護観が定まっていない職員でも、リーダーの明確な介護観の前では、「よくわからないけど、もう少し付き合ってみよう」とか「確かに共感しました」とか、あるいは「ちょっと違うと思うので、意見を言わせてもらいます」というように、職員のスタンスも明確になってきます。リーダーのスタンスが見えないと、職員はどう対応したらいいのかわからず悩んでしまいます。

　リーダーのスタンスを明確に出せば、当然反発もあります。反発があるからこそ、そこに対話の必要性が出てくるし、説明の必要性が出てくるわけです。そして、どうしても納得できない場合は辞める職員も出てくるでしょう。しかし、だからといって、そのことは、互いの人格を否定するとか、人生を踏みにじったということにはなりません。見解の相違をとことん話し合った結果ですから、あなたが否定されたわけでも、相手を否定したわけでもないのです。考え方が違うだけなのです。共感できる考えを持つ組織に移籍するということは、プロとして当然のことだと思うのです。

ですから，組織の方針がわからなくてすねていたり，方針が一方的だと不満を持っていたりするような態度が職員の中に見えてくれば，まずはあなた自身の考えを明確に示すことです。

　繰り返しになりますが，職員は，リーダーの看護観や介護観がわからない間は，リーダーを試しにかかります。どうなんですか，どう考えているんですか，と。そのことが，リーダーにとってストレスとなり，さらには不安となり，自信をなくします。リーダーが不安になれば，職員も不安になります。不安と不安が共鳴して増幅し，チームはどんどんおかしくなります。このような状態になってもスタンスが不明確のまま態度も中途半端であれば，そのリーダーは職員からこてんぱんにやられます。リーダーの正体が知れないと，職員は共感することも，反発することも，向き合うこともできません。そして，1枚の退職願という"手紙"に思いを託して去っていくのです。共感も反発もなく，真に語り合うこともなく去っていく職員がいるのなら，それはあなたの態度が中途半端だったということです。

　卵が先か，鶏が先かではないのですが，まずはリーダーが，先に自分の姿勢を打ち出す。すると，そこに共感や反発が生まれる。そして，そのことにきちんと対応することでしか，職員への対応方法はないと思い

ます。

　世の中に，あなたより立派なリーダーはたくさんいます。また，あなたよりもっと優れた看護観・介護観を持つリーダーもいるでしょう。しかし，あなたが，今，ここのリーダーなのだから，あなたがやりたい介護をやるのです。その介護を，一緒にやろうという仲間が，あなたの部下であり，あなたのチームであるわけです。その上で，それにどうしてもついていけない職員は，退職に至って当然ということです。

　ただ安直に，意に沿わないものを退職に追い込むという意味ではなく，そこまで自分の看護観や介護観を打ち出すことがすごいことなのであり，そのことで協調なり，不和なりが得られ，とことん対話ができるということがすごいことなのです。そこまでして，結果的に退職に至った場合は，それは敗北でもなんでもなく，社会人として，プロとして，当然の立ち居振る舞いなのだと言ってあげてください。

リーダー自身が退職を考えた時

　自分なりにやりたい介護があるのだけれども，そこが伝わらずに自分が退職した方がいいのではないかと悩んでいる場合，こう考えてください。お金で辞める人間は，どこに行ってもお金で転々と辞めていくし，

人間関係で辞める人間は，どこに行っても人間関係で転々と辞めていきます。これまで，あなた自身は自分の介護観というものを精いっぱい表現したし，自分なりにつくり上げてきたし，そしてそれはまだまだ熟練していないことを自覚していることでしょう。しかし，そのような自分の在り方そのものを周りに否定され，やはりここには居られないと考えて退職を決意したのなら，それは堂々たる退職だと私は思います。

　それとは反対に，とことん居座ることも選択肢です。正しいことなら，必ず伝わるはずだと信じることです。たとえ組織の中で，いわゆる「浮いている存在」になったとしても，それはあなたが周りから浮いているのではなく，周りがあなたより「沈んでいる」のです。

　誰しも「上にもわかってもらえない，下にも通じない」という時期があります。でもその時に，あなたの考えが本当に正しいことであるのなら，本当にお年寄りに受け入れられることであるのなら，たとえどのような職場環境であろうとも，いずれ結論はお年寄りたちが出してくれます。そのためには，あなたが居続けることが大事なのです。あなたの介護観が本物なら，いずれ必ず伝わるはずだと挑戦し続けることです。

　辞めるのも居続けるのも，どっちの道も厳しい道ですが，プロとして自分の信じる仕事をするというのはそういうことだと思います。いずれにしても介護とい

う仕事から逃げない，自分に嘘をつかないということを続けていかないと，どんな職場組織に行っても，同じストレスを繰り返すことになります。

あなた自身が自分の中で掲げている目標を明確にすれば，それまでとても嫌だと思っていたことも，あなた自身の阻害因子ではなく，克服因子となっていきます。つまり，自分自身を「だめだ，だめだ」と阻害するのではなく，自分の前に明確なハードルが置かれたような気持ちになります。そうすれば，それまでとはストレスの質が違ってきます。

とある老人病院にて
――激闘！　1対40

私がPT（理学療法士）として，とある老人病院に勤務していた頃のことです。その病院では，裸で寝ているお年寄りがおむつをつけられ，浴衣は着るのではなく上からかけられていました。そして，ベッドメーキングという名の下に看護師がお年寄りを片手で起こし，空いた場所に掃除機をかけるのです。床の掃除をするのも，ベッドの上を掃除するのも同じという感じで。

私は，その光景をある看護雑誌に写真と一緒に載せてしまいました。もちろん院長の許可は得ていました。ところが，それを見た看護部が激怒したのです。

しかしこれは、この老人病院ではごく日常的な光景であり、この病院で働いている人や訪れる人は誰もが知っていることなのです。

　私は、看護部から呼び出しを受けました。「髙口、ちょっと来い」というわけです。呼び出された会議室に行くと、うちの病院にはこんなに看護師がいたのか、と思うくらいの白衣の軍団に取り囲まれました。40人くらいいたでしょうか。その一人ひとりが私に質問をするのです。

　「内部の恥をさらして、お前は何がおもしろいのか！」と言われた時には、

　「これって恥なの？　みんな日常業務として普通に行っているじゃないですか。恥というなら恥じるべき看護を受けているお年寄りはどうなるんですか」と言いました。

　「私たちは、少ない人員配置で過酷な労働を強いられている。そんな思いをしている私たちに、何でさらに鞭打つようなことをしなければならないのか」と言われた時には、

　「別にいつまでも白衣の天使でいる必要はないんじゃないの。生身の女に戻ればいいじゃないか。業務がきついんならきついと言えばいいじゃないか。こんなのは看護の仕事じゃないと言えばいいじゃないか。本当に自分たちがやりたい看護はこういうことなんだ

番外編
ストレスに強くなる。

から、それは今の状況では成し得ないんだということを言えばいいじゃないか。こんなおかしな看護がまかりとおっている現状はこんな理由だから、こう変えていきたいです。そのためにはこういうものが必要です、とあんたたちから発信しなくてどうするのよ！」と言いました。

当時、入職して3年目くらいだったでしょうか。こんな調子で40人から次々に集中砲火を浴びました。どの質問にも全部答えました。すべて言い返しました。1対40の口喧嘩に勝ったことになりますね。今思えば、しくしく泣いておけばよかったかなとも思いますが。

どの質問にどう答えたか、すべてを覚えてはいませんが、いわば「こういうケアをすることで、私たちはつらいんだ、悲しいんだ、どうしてそのことをわかってくれないのだ」と、そのようなことを繰り返し言っていたと思います。最後は看護師が皆泣き出してしまうし、私はすごく悪いことをしたのかと思いました。

翌日から、看護師が誰も口をきいてくれなくなりました。私が詰め所に入って「おはよう！」と言うと、それまで談笑していた看護師たちがクモの子を散らすように詰め所から立ち去っていくわけです。

最初は何が起こったのかわからなかったのですが、どうも看護師長から髙口とは口を聞くなという指示が出たようなのです。若い看護師に「おはよう」と声を

かけると,「おは…アッ!」と口を押さえて逃げていきます。看護部全体からシカトされるという状態です。

そこまでやられると開き直って,「おはよう!」といって「フン!」と無視されても,後を追いかけて「おはよう! おはよう! おはよう!…」と言い続け,さらに「エッ! 聞こえないの! お・は・よーう!」と言ってやりました。結局相手が根負けして,小さい声で「オハヨ」と言えば,(いーだ!)と思っていました。

もちろん看護部全体から無視されるなんてことは,決して心地良いものではないし,何でこんな目に遭わなくてはいけないのかなと情けなくなることもありました。けれども,例えばあれだけ連絡・連携が不徹底だった看護部に,これだけ師長の命令が行き届いたのは今回が初めてではなかろうか,どんな師長の指示も,三日坊主だったのに,今回ばかりは長く続いているぞ,ということは,いわば病棟の命令系統はまだ存続しているのだな,などと思い,やるじゃないかとポジティブに考えていました。

次の攻撃は,訓練室にお年寄りをまったく連れて来なくなるというものでした。200床ほどの病院で,当時PTとして一人職場だったのですが,まったく仕事になりませんでした。だから,向こうが来ないなら,こっちから病棟に入ろうと思い,病棟に入っていきま

した。今思えば，この時訓練室を出て，病棟でお年寄りと過ごした経験は重要だったと思っています。ここでの私は，辞めずにとことん居座って，自分の介護観を押し通したのです。

宿敵！　看護部と共に

　そんな看護部との関係に改善の兆しが見えたのは，院内の夏祭りの頃です。
　夏祭りの企画運営のために，いろいろな話し合いをするのですが，ある看護師から当日雨が降った時どうするかという意見が出ました。
　私は，雨の時は病院内で行うつもりであることを伝えました。病院の2階のフロアをお祭り広場にして，訓練室をメイン会場にし，そこで歌合戦をする。そしてエレベーターの前のスペースで金魚すくいを……というように説明をしていると，その看護師が「私はそんなことを聞いているわけじゃないんです」と言います。実は，彼女は夏祭りをあまりやりたくないのです。彼女は続けて「仮に2階全体がお祭り広場になったら，紅白の提灯はどうするんですか」と聞きます。そこで「2階のフロアに張り巡らします」と言いましたら，「冗談じゃないわよ！　その時危篤の患者が出たらどうするの！　紅白の提灯の下でお年寄りを死なせ

るつもりなの」というわけです。

　こっちで笛の音がピーヒャラピーヒャラ，あっちでパチンコの音がピララピララと鳴り響き，人が笑いさんざめいて，頭の上には紅白の提灯が張り巡らされた，そんな所でお年寄りを死なせるわけにはいかないと。

　その時の私には，本当の意味で人の死生観についてわかっていませんでした。だから，その看護師の言葉に虚を衝かれてドキドキしたわけです。しかし，敬老会でお年寄りから笑顔が出てきたとか，そうめん流しをすると普段は食事をあまり喜ばないお年寄りがおいしそうに食べてくれたというような経験を始めたばかりのこの病院の中で，ベッドの上に寝かせるだけがケアではない，治療や処置だけがお年寄りのニーズではないと気づいた看護師が出てきているのです。

　紅白の提灯の下で死ぬというのはどういうことなのかと迷ってしまった私。夏祭りなどやりたくないと思っている看護師。そしてイベントに笑顔を見せ，いきいきするお年寄りの姿に触れることで，今までの看護に疑問を感じ始めた看護師。議論は完全に行き詰まり，長い沈黙が会議室に充満してしまいました。

　その時です。師長の声が響いたのは。

　「夏祭りの当日は，師長の責任において，絶対に死人は出しません」

　私はびっくりして，看護師にはそのようなことがで

番外編
ストレスに強くなる。

きるのかと思いました。もちろんそんなわけはなく，お年寄りが突発的に亡くなられることはあるということを十分承知の上で，師長は，人の命の長さを看護の取り組みによって変えることができると言ったのです。看護師として，そのくらいの力や気構えを持たないでどうすると言いたかったのでしょう。

　会議の場が水を打ったように静まりました。

　やがて，誰かが「師長さん，そんなこと言っちゃっていいんですか。ものすごいこと言いますよね」と言った途端，参加者が皆笑い出しました。その瞬間，パーンと何かが弾けたように，その場の空気が変わったのです。

　「紅白の提灯の下で人が死を迎えるのはいかがなものか」という命題に，本当の意味で死生観を持っていなかった新米の私は思考停止に陥りました。しかし，お年寄りの笑顔や元気が，このような場面設定の中で生まれてくるのだということ，"私たちが知っているお年寄りの姿だけが，すべてではないのかもしれない"ということに気づいた師長が，私が思考停止に陥り，この会議が終わってしまうことをあまりに残念だと思い，啖呵を切ったわけです。それで空気が一変しました。あの時は，本当に嬉しかったです。

　私たちの働きかけで，お年寄りに笑顔が出てきて，そしてその笑顔を目にした看護師が，そのことを大切

に思ってくれたのです。この一件で，看護や介護・リハビリの在り方，さらには老人病院の役割とは何なのかという意識までが転化したことが，すごく嬉しかった体験でした。

　確かに治療的環境において，治療的環境を守ることは大切ですが，高齢者医療において，治療は何のために行うのだろうと考えます。熱が下がるとか，検査数値が正常に近づくとか，治療目的はいろいろあるのでしょうが，データの一つが正常に近づいたからといって，それが本人にとって何の意味があるのか。こうやって仲間が集う場所があり，仲間とかかわることで，いきいきしたり，わくわくしたりすることこそ意味があるのではないか。そんなことを考えました。

　生意気で知ったかぶりの私が，良い看護とは何か，良い介護とは何かとどんなに力説しても，誰も何も変わらない。だけど，実際にお年寄りが笑顔や元気を取り戻す姿を見れば，もしかしたら介護ってこういうことなのかな，と思ってくれる人は必ず出てきてくれる。だから，100の理屈や理論よりお年寄りの本物の笑顔が人を動かすのだと実感しました。

番外編
ストレスに強くなる。

最高権威者（!?）
医者とのストレス

　特別養護老人ホームでターミナルケアを行った時，医師から「こんな医療設備もない専門職も少ない所で終末期の高齢者を看取るというなら，夜中に医師を呼び出すようなことはしないで，介護職だけで責任を取る覚悟があるんだろうな！」と言われたことがあります。それを聞いた介護職たちは，かわいそうに泣き出してしまいました。「この人が死んだら，お前たちに責任が取れるのか」というのが，介護職にとって，医療職から発せられる最も厳しい言葉です。

　私は，重度の高齢者を介護するという，ただでさえ不安が強い状況の中で，医療が果たす役割は安心の象徴でなければならないと思います。その医療の側が介護者の不安を増大させるというのはどうしたものでしょうか。

　生活の場において高齢者を看取る時，その生命の責任を取れるのはそのご本人だけです。自己選択・自己責任というのは，自分が生きて，自分が死ぬということ。このことを，私たちは生活支援の立場から守り抜くのが仕事であり，責任であるということです。高齢者ケアの原則である主体性の尊重という視点から，私たちは「生命の責任は取れない」のだということを明

確にしていかなければなりません。生命を守る人に対して，自分たちは生活を守るという立場なのだということをきちんと伝え，それを踏まえた上で，医療者側の「生命」維持に対する真剣さに対して，介護者側は「生活」維持に対する真剣さで応えていかなければならないと思います。

　また，医師はとても孤独なのだということもわかりました。自身が医療に関しての最高責任者であり，最終的な医療方針の決定をしなければなりません。このように，医師はある種の孤独感を持って生命に立ち向かうわけですから，私たちはそれに対して敬意を表する必要があるわけです。逆に言うと，利用者本人を中心としたかかわる人々の合意で最期を看取るのも嫌，一人で責任を負うのも嫌だと駄々をこねるおじさんには本当に困るわけですね。

　いずれにしても，孤独感の中にある人を不必要に不安に陥れないためにも，介護の現場からは，「報告を正確にする」「自分たちがどう考えているのかを的確に伝える」ことが，双方のストレスを最小限にする秘訣だと思います。

　繰り返しになりますが，医師は元来孤独なのですから，その不安を増大させることは，職員の不安やストレス，さらには利用者へのストレスにつながってしまいます。そうならないためには，（大抵医師は"頭の

いい方"なので），筋を通して正攻法で説明に当たり，報告のタイミングにしても，先方があまりに忙しい時や疲れている時には避けるというような配慮が必要です。これはへりくだって顔色を伺うということではなく，礼儀として行うのです。そして，「先生（医師）は，一人ぼっちではないよ」ということが伝わる報告や話し合いが必要です。そういう段取りを踏めば，医師はとても力強い味方になってくれます。

いろいろなご家族とのストレス

　いろいろなご家族がいらっしゃいます。介護放棄とまではいかないまでも，やはり根本的に無関心で，高齢者と共に生きることに何ら価値を見出せないご家族もおられます。また逆に，過剰なまでに介護に深く立ち入ってこられるご家族もおられますが，私にとっては，そのこと自体はそれほどストレスになりません。家族というのはそういうものだと思っていますから。

　例えば，今まで自分を産み育ててくれた親が，老いて病んでいく時，そのことをどのようにとらえてよいのかわからないという戸惑いそのものは，家族だからこそあるわけです。そのことは，決してストレスや問題というレベルではなく，それこそが家族であり，ま

たわれわれの仕事の対象そのものなわけです。家族側の言うことがころころ変わるとか，クレームがたびたびあるとか，そういうことは当たり前であり，それがあるからこそ家族なのではないかと思います。

　ただ私が職員として本当につらいのは，病院から退院をする時に，「あなたみたいに長期入院になった方は困りますよ」という感じで追い払われるようにして退院してきた方や，期限つきで誓約書を書かされるような経験をして，施設を転々とし，そのたびに「申し訳ありません。入れてください」と言ってきたような方です。こういう方は施設に対しておびえきっています。「職員が言うことはどんなことでも聞かなければいけない」と，まるで，家族が人質にとられたかのように職員に対しへりくだっています。そういう方は，「よろしくお願いします」と言いながら，実は非常に傷ついていて，頑なで，そしてどこか根の深いところで医療や福祉に対して拭いきれない不信感を持っています。このようなことが起こるのは，この世界にいる人間として本当に申し訳ないと思いますし，どうしたらそのような方の気持ちを変えられるのかと，常に考えてしまいます。おびえないでどんどん要望を言ってもらう方がわれわれの仕事の糧になるので，遠慮しないでほしいと伝えても，うっかり要望を出すことで施設側に豹変されてしまうことを恐れているのです。

番外編
ストレスに強くなる。

　先にも述べましたように,無関心なご家族には,私はそれほどストレスは感じません。ご家族の有り様を他人がとやかく言えません。そのご家族にはその方に無関心になるような歴史的背景があったのだろうと思うのです。もしかしたらご家族に対して散々なことをやってきた方なのかもしれません。だから,家族間の和解を介護サービスを通じて果たしてもらえればいいなという夢は持ちますが,何十年という時を経てでき上がった家族関係ですから,そう簡単に他人がかかわれることではないと思います。

　しかし,ご家族の問題で利用者本人がとても苦しんでいるような状況においては,われわれは本人がそうありたいと思うように,家族に代わってしっかりとサポートすることができます。それが介護の基本です。例えば,「人から興味や関心を持ってもらいたい」ということがその人のニーズであれば,それを私たちが代替するということです。ある意味,ご家族が無関心であるなら,逆にわれわれはその利用者に対してよかれと思うことを家族に遠慮することなく,何だってやれるわけです。そうすれば,100例に1例くらいは,介護の在り方がきっかけでご家族の気持ちが少し変わるということもあります。

　私の経験からすると,高齢者に対して本当に真から無関心というご家族はいません。ある意味で,関心が

深いからこそ，その反動で距離を置いている方が多いと思います。自分の親に対してこれ以上のかかわりを持つことが，お互いの生活を壊してしまうのではないかという不安の方が強くて，無関心という態度をとっているわけです。こういうご家族と付き合うことは決して難しいことではありません。むしろ，豊かな家族関係というのは相互の幸せにつながるのだということを，介護場面から伝えられればいいということですから。

施設では，ケアプランや個別援助計画を立て，家族に説明をし，了承していただき，サインや印鑑をもらわなければなりませんが，介護職がケアプランを一生懸命説明して「これでよろしいでしょうか」と言った時に，嫌な顔をするご家族は今まで一人もいませんでした。介護職が一生懸命書いて，たどたどしく，しかし懸命に説明をしている姿を見て，何も感じない人はめったにいません。逆に，書面に一生懸命書かれた文字を見て，「ここまで考えてくれている人たちがいるのだ」と，ほっとされます。そういう時には，無関心という態度は変わらないにしろ，それでも少しは振り向いてくれたかなと感じます。

しかし，説明させていただく機会さえも拒否する冷たいご家族もいらっしゃいます。面会にもめったに来られず，葬儀の時になってようやく現れるということもあります。その時に，「おばあちゃんは家族に一目

会いたかったと言っていましたよ」というような野暮なことは，私は決して言いません。いろいろな事情があって結果的に同居できなかったり，面会に来られなかったわけでしょうから。

ただ，たった一言，「おばあちゃんはあなたのことを心底愛しておられました。それを私たちは見届けさせていただきました」と，家族の様子に合わせて言わせてもらうことはあります。これは私のささやかなストレス解消法です。

挫折感を味わった時

私は学生時代にQOLやADLについてバリバリに学習して，PTとして入職しました。しかし，寝たきり高齢者がたくさんいる中で，PTの1人や2人が頑張ったところで，寝たきりの方が次々に起き上がるなんてことはまったくないわけです。起き上がるどころか，目の前でさらに悪くなり，亡くなっていくのです。

私が介護にすごくこだわって，「看護師から何を言われても，大切なものは大切なのだ」と意地を張っていた時，ある高齢者から，「わしはもういいが……，リハビリをしないとあんたが怒られるのだろう」，また，ある高齢者からは，「あんたはしょっちゅうトイレに行こうと言うけれども，結局はトイレに行けんの

だからもういいんだ，やかましい！」と言われたことがあります。高齢者が機能的にだんだん悪くなっていくという状況において，「私は自己満足的にケアにかかわっていたのではないか」「人の役に立てると思っていたけれど，何一つ役に立っていなくて，それどころか，もしかしたら高齢者に対して悪いことをしているのではないか」と思い始め，それを誰にも相談せずに自分で抱え込み，「自分なんかいない方がいいのではないか」と思い詰めたこともあります。結局は，現実から逃げ出したくなったわけです。しまいには，だんだん腹が立ってきて，「学校で習ったことなんて何の役にも立たないし，教科書なんてあてにならない」「どんな研修会に行ってもしようがない」と思っていた時期もありました。

　しかし，やがて気がつきました。学校で習ったことは，やはり大切なことなのだと。今，目の前にいる高齢者に対し，学校で得た知識や技術を生かしきれていないのは，私自身の問題なのだと。

　私自身の問題だと気づくと，自分で自分をまた追い詰めてしまいます。「私なんかいない方がいい」とまで落ち込むわけですから，非常につらい時期です。そんな無気力な状態のまま，ただ出勤するだけの毎日を送っていた時のことです。訓練室で高齢者が一生懸命平行棒を使って歩いていたり，寝返りの訓練をしてい

番外編
ストレスに強くなる。

たりするいつもの風景をぼんやりしながら見ていて、ふと、「この高齢者は70年も80年も私よりずっとずっと長い人生を歩んできて、楽しいことも、嬉しかったことも、つらかったことも、いろいろなことがあったのだろう……」「そしていよいよ年を取って、本来なら今まで頑張った分、楽をしていい老後があったはずなのに、病気になってしまい、手足が不自由になり、リハビリ訓練を5年も10年も続けている……」と、その姿を見て、この人たちの役に立とうとか、役に立てない自分はいない方がいいのだと悩むことが、すごくちっぽけというか、何だかどうでもいいような気分になってきたのです。

　私が、「何も役に立たない」「辞めた方がいいかもしれない」と悶々としている間にも、この高齢者たちは時間どおりに訓練室に来て、言われたとおりの訓練を黙々と繰り返しているのです。この方々は、私が辞めるとか、逃げようとか悩んでいることとはまったく関係なく、訓練を繰り返しているのです。この方々の過ごしてきた人生や抱えることになった障害の前で、自分の専門職としてのプライドや存在意義など、とてもちっぽけでくだらないことなのだと思えてきました。「この方たちが過ごしてきた人生、今抱えている障害の重さに比べれば、私など大した存在ではないのだ」「だったら、今、この瞬間に、自分が納得できる、自

分が本当におもしろいと思えることをやった方がいい」と思ったのです。これが転機になりました。

　それからは，私が本当にやりたいことや，本当におもしろいこととは何だろうと，手足や目・耳，五感すべてを使って見つけ出そうとしました。そこまでくるのに2～3年はかかりました。今思うと，それが若い時の最初の挫折だったのだと思います。

　私にとって，2回目の挫折は，ある程度キャリアを積んだ頃のことでした。「自分はこれだけの勉強もしたし，これだけの経験もした，信念としても間違いはない」と，自信を持ち，「自分がこの世で唯一正しい正義の味方なんだー！」と思っていた時期でした。でもそういう時期には，高齢者が必ず「ギャフン」と言わせてくれます。「お前は何をノボセちょるか！」と。

　「やりたいことが何であるか」によって，専門職としての価値が決まると思うのです。例えば日常業務の中で，高齢者から「ありがたい，ありがたい」と感謝されることも多くあると思いますが，それが果たして本当に自分のやりたいことなのかを自問自答して，「そうだ！」ということになれば，それによって一個人として専門性を持つ専門職としての価値が決まると思うのです。

　そしてまた，それを他者からどのように評価されているかということの確認は自己評価と同じくらい必要

です。自分はよかれと信じて何年も続けてやってきたけれども、職場の人間には受け入れられなかったとか、「高齢者はあの時手を合わせて『ありがたい、ありがたい』とおっしゃったが、何をありがたいと言っていたのだろうか」あるいは、「確かに一生懸命仕事をしたけれども、何か深いところでの満足感がない、何か抜けているような感じがするなあ」などと、他者の評価も使いながら考えなければなりません。

　自分自身を客観的に見つめ直す機会は、時を経るごとに誰にも訪れることだろうと思います。その時、若い時の挫折に対する自己の認知がしっかりできていないと、ものすごく苦しい思いをすることになるのだと思います。

圧倒的な力に無力感を感じた時

　管理職になった時、国とか法律とか、担当行政の能力・方針といった、刃向かいようのないような力が降りかかってきました。仮に今この法律を無視して何かを達成できたとしても、10年後も20年後もこの高齢者へのケアはしっかり保障されるものなのかと、自問自答を繰り返しました。圧倒的な力を前に、自分自身の無力さを感じていました。

今は違います。法律や制度は万全ではなく,必ず不備はあるということがわかってしまうと,法律や制度をどのように使いこなしてやろうかという発想になります。突破口として,最初は1人,やがては2人と,どんどん特例をつくっていくと,抜けられない穴はないということがわかってきます。かなりしたたかになってきますね。

私は介護保険法というのはいい法律だと思います。ご本人やご家族の意向に沿ってサービスが提供されることが保障されているからです。介護サービスは,「すべて利用者の自己選択・自己責任において行いますよ」という法律なのですから,「高齢者が言っている」「家族が言っている」そのことを「介護支援専門員がケアプランとしました！」ということほど,強いものはないのです。その点で,介護保険制度を大いに使わせていただいています。

高齢者の皆さん,職員の皆さん,ありがとう！これからもよろしく！

「人は生きてきたように死ぬ」といいますが,高齢者は,私たちがかかわったように死んでいきます。中途半端にかかわれば,中途半端に死んでいきます。精

番外編
ストレスに強くなる。

いっぱいやるだけのことはやったという時には，しっかりとけじめをつけて死んでくれます。そこがやはりすごいと思います。中途半端なかかわりになった時には，ものすごく後悔します。何てことをやってしまったんだろうと思います。なぜ，人ひとりがこのような死に方をしなければならないのかと。しかし，こちらが手を掛け，心を砕き，誠意を持って接すれば，高齢者は決して裏切らないということを私は知りました。

また，職員の中には，どんなに時間をかけても，介護観が決定的に違い，立ち去っていく人もいます。しかし，介護観が共有できている職員同士は，たとえ誰かが失敗したりうまくいかなかったりしたことがあっても，必ずサポートする人が出てきて，思いもつかない力を発揮し，見事に高齢者の期待に応えてくれます。

最初はみんなバラバラで，「わからない」「できない」とばかり言っていた職員たちが，「わかりました」「やってみます」「こんなことができました」と言ってきてくれることが，私の最大のストレス解消になります。そして何ものにも代えがたい喜びです。「弱々しかった職員が，一人の高齢者と出会ったことで，ここまで考え，行動できるようになった」。それだけで，今までのごたごたも苦労も，何もかもが一気に吹っ飛びます。だからこの仕事を続けていけるのだと思います。このことは私にとって，最も重要なエネルギー源

であり,生きることそのものの源となっています。

　最後に。これからも高齢者や職員と共に,本当の看護・介護とは何なのかということを,この目で見極め,つかみとるために頑張りたいと思います。

　高齢者の皆さん,職員の皆さんありがとう！
　これからもよろしく！

本稿は,日総研会員制情報誌『介護施設管理』Vol.8,No.3,No.4に掲載した「問題の根幹を断つ！　髙口流介護リーダーのストレス解消とリフレッシュの仕方」を,本書への収録にあたり,再編集したものです。

あとがき

「ケアする人をケアするのは誰だ」

これが本書に通底するテーマである。良い施設というのは「ケアする人をケアするのは私だ」という構えを持っている人物がいるかいないかで決まる。そして介護の質は，その構えの内容，在り方である。

介護の本質が，「これでいいのかな，あれでいいのかな」と迷うことがあるように，看・介護の現場リーダーに"これで絶対よし！"と一つの迷いもない人などいない。

新米リーダーは新米なりに，ベテランリーダーはベテランとして，いつも迷っている。

どんなに迷っていても，明日の勤務はやってくる。とにかく，私がここで決めていかなければ，現場は本当の仕事にならない。

自分が迷って，自分が決めて，そして自分に返ってくる。

いつだって問われているのは自分だ。

部下があなたを見つめているのは，部下があなたか

ら学びたいのは，逃れられない自分自身と時にへこたれながらも向き合っているあなた自身の在り方なのだ。

　介護の現場はできるかできないかなんて考え出したらできはしない。大切なのは，やりたいか，やりたくないかだけ。

　やりたい仕事だけしよう。自分の本当にやりたい介護をしよう。

　そのために必要な自分と向き合うことに本書が一つでも役立つことができればと願っている。

　ぜひ，どこかで，いずれまた，お会いしましょう！

■ 著者紹介

髙口光子
たかぐち みつこ

　横浜市生まれ。1982年，高知医療学院理学療法学科を卒業。理学療法士になり，福岡県の医療グループに勤務。同グループの医療費不正請求事件による混乱を目の当たりにして，老人医療の現実と矛盾を知る。1985年，地域に密着した総合病院・千歳橋病院に勤務，地域医療・地域リハビリテーション活動を経験し老人ケアの面白さに目覚める。1987年，福岡県から熊本県に転居し，医療法人宇賀岳病院に勤務。リハビリテーション科科長として老人病院での生活ケア・生活リハビリの実践に取り組む。1991年『生きいきジャーナル』(医学書院)創刊号に掲載の『不幸くらべ』で「第1回生きいき大賞」を受賞。

　1995年，老人の生活に密着した介護現場での活動を求めて特別養護老人ホームシルバー日吉に介護職として勤務，介護部長を務める。1999年，シルバー日吉デイサービスセンター長・シルバー日吉在宅部長となる。2002年3月にシルバー日吉を退職し，4月より医療法人財団百葉の会に勤務する。法人事務局企画教育推進室室長および介護老人保健施設ききょうの郷・生活リハビリ推進室室長を務める傍ら，介護アドバイザーとして，全国の老人施設を飛び回る毎日。

主な著書

病院でひらいた生活ケア（筒井書房）
シルバー日吉の手づくりケアマニュアル（共著，熊本南福祉会）
現場がつくるケアプラン（共著，雲母書房）
いきいきザ老人ケア（医学書院「第1回生きいき大賞」受賞）
介護保険時代の新地域リハビリテーション（共著，厚生科学研究所）
介護保険がやってきた（共著，雲母書房）
仕事としての老人ケアの気合（医歯薬出版）ほか

本気の人づくり術

2004年12月1日発行	第1版第1刷
2005年7月1日発行	第2刷

〈検印省略〉

著者：髙口光子 ©
（たかぐちみつこ）

企画：日総研グループ　代表　岸田良平　発行所：日総研出版

日総研お客様センター
名古屋市中村区則武本通1−38
日総研グループ縁ビル　〒453-0017
☎0120-057671　FAX 0120-052690

本部	☎(052)569−5628	FAX (052)561−1218	
	〒451-0051 名古屋市西区則武新町3−7−15(日総研ビル)		
札幌	☎(011)272−1821	FAX (011)272−1822	
	〒060-0001 札幌市中央区北1条西3−2(井門札幌ビル)		
仙台	☎(022)261−7660	FAX (022)261−7661	
	〒984-0816 仙台市若林区河原町1−5−15−1502		
東京	☎(03)5281−3721	FAX (03)5281−3675	
	〒101-0062 東京都千代田区神田駿河台2−1−47(廣瀬お茶の水ビル)		
名古屋	☎(052)569−5628	FAX (052)561−1218	
	〒451-0051 名古屋市西区則武新町3−7−15(日総研ビル)		
大阪	☎(06)6262−3215	FAX (06)6262−3218	
	〒541-0053 大阪市中央区本町4−5−16(本町華東ビル)		
広島	☎(082)227−5668	FAX (082)227−1691	
	〒730-0013 広島市中区八丁堀16−14（第二広電ビル）		
福岡	☎(092)414−9311	FAX (092)414−9313	
	〒812-0011 福岡市博多区博多駅前2−20−15(第7岡部ビル)		
編集	☎(052)569−5665	FAX (052)569−5686	
	〒451-0051 名古屋市西区則武新町3−7−15(日総研ビル)		
流通	☎(052)443−7368	FAX (052)443−7621	
	〒490-1112 愛知県海部郡甚目寺町上萱津大門100		

・乱丁・落丁はお取り替えいたします。
・本書の無断複写複製（コピー）やデータベース化は著作権・出版権の侵害となります。
・この本に関するご意見は，ホームページへお寄せください。　E-mail cs@nissoken.com

日総研 www.nissoken.com

ホームページに
メールアドレスを登録していただきますと，
新刊案内ニュースなどを
随時メール（無料）でお送りいたします。